natürlich oekom!

Mit diesem Buch halten Sie ein echtes Stück Nachhaltigkeit in den Händen. Durch Ihren Kauf unterstützen Sie eine Produktion mit hohen ökologischen Ansprüchen:

- 100 % Recyclingpapier
- mineralölfreie Druckfarben
- Verzicht auf Plastikfolie
- Kompensation aller CO_2-Emissionen
- kurze Transportwege – in Deutschland gedruckt

Weitere Informationen unter www.natürlich-oekom.de und #natürlichoekom

Bibliografische Information der Deutschen Nationalbibliothek:
Die Deutsche Nationalbibliothek verzeichnet diese Publikation in der Deutschen Nationalbibliografie; detaillierte bibliografische Daten sind im Internet über www.dnb.de abrufbar.

oekom – Gesellschaft für ökologische Kommunikation mbH
Waltherstraße 29, 80337 München

Layout und Satz: Markus Miller
Korrektur: Maike Specht
Umschlagfoto: © AdobeStock, UKRAINIAN
Druck: CPI books GmbH, Leck

ISBN: 978-3-98726-050-6

Agnes Becker, Tobias Ruff, Bernhard Suttner

Wir haben genug!

Warum das gute Leben jenseits von Konsumismus, Wachstumswahn und Überfluss liegt

Inhalt

Vorwort

von Prof. Dr. Niko Paech

Das geneigte Nachhaltigkeitspublikum wird mit diesem Buch eine Überraschung erleben. Dermaßen unverblümt auf die Notwendigkeit umfassender Anspruchsmäßigungen hinzuweisen, verlangt Mut, den man am wenigsten von Autoren erwartet hätte, die nicht verhehlen, im politischen Wettbewerb zu stehen. Der Kampf um Wählerstimmen und mediale Aufmerksamkeit ist längst zu einem Schaulaufen sich überbietender Wohlstandsgießkannen degeneriert. Und das wirkt sich katastrophal auf die Chancen aus, dass von politischer Seite Impulse für das dringend erforderliche Überlebensprogramm ausgehen. Wer es als Parteienvertreter wagt, ohne vorher zehnmal beglaubigte Wohlstandsgarantie – »mehr, schneller, bequemer, billiger«, wie es an einer Stelle des Buches treffend heißt – von Nachhaltigkeit oder Klimaschutz zu sprechen, wird aus der öffentlichen Wahrnehmung verbannt oder riskiert übelste Bezichtigungen, die von antisozialer Gesinnung bis zum Ökodiktaturvorwurf reichen.

Unbändige Angst vor einem derartigen Abseits hat die Politik in ein Labyrinth technologischer Abenteuer getrieben, stets versehen mit dem Versprechen, damit die ökologische Zukunftsbeständigkeit mit Wachstum vereinen zu können. Die Folgen dieser grün angepinselten Fortschrittsreligion sind so verheerend, dass sie jeder mit eigenen Augen wahrnehmen kann, sofern er den Blick vom Smartphone in die analogen Landschaften schweifen lässt.

Dieses Buch lässt hoffen, weil darin politische Akteure zu Wort kommen, die sich nicht um unpopuläre und deshalb oft unterdrückte Sachverhalte herumdrücken. Mehr noch: Die argumentative Eleganz und Schlüssigkeit, mit der begründet wird, dass Verzicht – tatsächlich: Sie schrecken nicht einmal vor dem V-Wort zurück! – in der aktuellen Situation mit vielen Gewinnen an Lebensqualität und Sinnstiftung einherginge, ist beeindruckend. Den Leser erwartet ein strukturierter Überblick, der nicht nur wichtige Grundlagen des Suffizienzdiskurses vermittelt, sondern landläufige Einwände gegen eine Politik der Mäßigung sauber dekonstruiert. Damit könnte sich eine Tür öffnen: Vielleicht erreicht die Debatte darüber, wie legitim eine wachstumsträchtige Daseinsform überhaupt sein kann, endlich auch die politische Ebene.

Niko Paech (geb. 1960) ist Diplom-Volkswirt und prominentester Vertreter der Postwachstumsökonomie. Autor unter anderem der Bücher Befreiung vom Überfluss, All you need is less *(zusammen mit Manfred Folkers) und* Small is beautiful *(zusammen mit Ernst F. Schumacher).*

Einleitung: Warum wir gewinnen, wenn wir verzichten

Welche Verzichte?

Wenn in den folgenden Texten immer wieder von Verzicht die Rede ist, dann ist in keinem Fall die Verstärkung des Mangels am Nötigsten bei ohnehin benachteiligten Menschen gemeint. Es gibt diese Benachteiligten im industrialisierten Norden ebenso wie im Globalen Süden. Die vielfach beschriebenen, himmelschreienden prekären Verhältnisse stehen ebenso monströsen Extremreichtümern hier wie dort gegenüber. Beide Erscheinungen unserer Zeit, also extreme Armut und extremer Reichtum, sind nicht zu rechtfertigen.

Die herrschenden Verhältnisse haben unterschiedliche Ursachen, die teils weit in die koloniale Geschichte zurückreichen. Die Gründe sind oft in strukturellen Fehlern des ökonomischen Systems zu finden. Auch ist das sogenannte »bad government«, also »schlechte« Politik, immer wieder der Ursprung von Elend, Benachteiligung, Mangel am Nötigsten und einem gleichzeitig zu beobachtenden extremen Überfluss.

Die Rede vom nötigen Verzicht darf also nicht als Rechtfertigung oder gar als Idealisierung des Mangels missverstanden werden, der auf den genannten Ursachen beruht. Der Einsatz für die Linderung und möglichst für die Beseitigung dieser Defizite ist ebenso Aufgabe sozialökologischer Politik wie die Eindämmung von Hyperkonsum und Verschwendung. Der aktuelle Bericht des Club of Rome »2052« (Randers 2022) anlässlich des 50. Jahrestags der Studie über die »Grenzen des Wachstums« (Meadows 1972) betont diese Doppelaufgabe genau: Ohne

Lösung der sozialen Frage wird es keine Lösung der ökologischen Überlebensfragen geben können.

*

Wir sind der Meinung, dass der aktuelle Zustand der Menschheit und des Planeten Erde keine weitere undifferenzierte Vermehrung von allem und jedem unter dem Deckmantel »nötige Verbesserungen für alle« verträgt. Es geht jetzt um die nötige Reduzierung der materiellen Ansprüche an den Planeten. Bei den besser oder bestens versorgten gesellschaftlichen Schichten der Industrienationen und der sogenannten Schwellenländer, aber auch bei den Oberschichten sehr armer Staaten sind diese Ansprüche zu hoch, teilweise auch exzessiv. Dennoch regiert nahezu überall das Dogma vom unverzichtbaren stetigen Wachstum der Wirtschaft, mit dem oft nur noch höhere Ansprüche an das eigene Lebensniveau verwirklicht werden sollen.

Das Wachstumsdogma ist insbesondere in Gestalt der Trickle-down- oder Spill-over-Theorie eine für die Menschheit lebensgefährliche Irrlehre: Sie wurde erfunden, um sich das konfliktreiche Bemühen um Verteilungsgerechtigkeit ersparen zu können. Diese ernsthaft vertretene ökonomische Theorie setzt darauf, dass positive Effekte für alle und insbesondere auch für die Armen eintreten, wenn die Reichen noch viel reicher werden. Beim Reicherwerden der Reichen ganz oben sickere immer auch etwas »nach unten« durch ... Der Unterhalt einer Superjacht erfordere z. B. – ebenso wie der Bau und die Pflege von Sportstätten in einem Wüstenemirat – allerhand Arbeitskräfte. Aber auch im Alltag von uns Normalbürgerinnen und -bürgern ist folgender Vorgang zu erleben: Wenn wir aufhörten, irrsinnig viele Textilien für extrem kurze Modezyklen nachzufragen und rasch wieder zu »entsorgen«, dann würden doch als Erste die armen Näherinnen im Globalen Süden leiden, ist da oft zu hören. Also müsse man aus »sozialethischen Gründen« den Hyperkonsum aufrechterhalten.

Die Erkenntnis, dass das Aufhäufen von immensen Reichtümern und die Produktion horrender Massen von kurzlebiger Wegwerfware die Lebensgrundlagen des Planeten schädigt und immer weiter schädigen wird, erreicht immer noch nicht alle wirtschaftswissenschaftlichen Institute. Sie beeinflusst leider auch noch nicht das Verhalten aller Menschen im Alltag.

Reduzierung, qualitative Differenzierung, Verteilungsgerechtigkeit und auch der Verzicht, also nicht nur die Reduzierung, sondern das wirkliche Beenden von bisher als selbstverständlich angenommenen Verbräuchen und Verhaltensweisen, halten wir für »unverzichtbar«: Die Mengen der heute von der Menschheit beanspruchten, Tag für Tag benutzten und dabei leider auch entwerteten Materialien und Flächen befinden sich nicht mehr im erträglichen Maß. Verbrauch, Schädigung und Entwertung geschehen übermäßig. Die ökologischen Belastungsgrenzen sind vielfach erreicht, in einigen Bereichen, wie z. B. beim Verlust der Artenvielfalt, schon gefährlich weit überschritten, wie die bekannte Studie von Rockström u. a. (Stockholm 2009) zeigt.

*

Es gilt, drei grundverschiedene Formen des Verzichts zu unterscheiden:

- den Verzicht auf Zeit zu »Testzwecken«: kein Alkohol, keine Zigaretten, kein Fleisch, keine Süßigkeiten, keine Autonutzung, wenig oder keine Plastikverpackung …
- Die zweite Verzichtsform ist althergebracht-bürgerlich und wurde erst jüngst vom Konsumforscher Dirk Hohnsträter (»Qualität«, München/Wien 2022) modernisiert: Aktueller Konsumverzicht ermöglicht nach einem Ansparprozess die Anschaffung von Gütern höchster Qualität.
- Die dritte Verzichtsform ist die frei gewählte Folge der Erkenntnis einer ethischen Pflicht: Wenn nach Feststellung einer Schwangerschaft die Eltern den Alkohol- oder Ziga-

rettenkonsum einstellen, dann geht es um die Vermeidung schwerer Schäden für das heranwachsende Kind.

Der Gewinn, der sich aus dieser dritten Art von Verzicht ziehen lässt, ist die Genugtuung, eine ethische Pflicht gegenüber einer anderen Person erfüllt zu haben.

Wir sind der Überzeugung, dass wir zum Verzicht der »dritten Art« aufgerufen sind: Es geht nicht um einen »zeitlich begrenzten Test« oder um einen »Ansparvorgang« – es geht um die Vermeidung schwerer Schäden.

Bildlich gesprochen, sind wir alle aktuell mit den kommenden Generationen schwanger. Wenn wir heute den aus ethischen Gründen gebotenen Verzicht auf überzogene Ansprüche nicht akzeptieren, werden nicht wir leiden, sondern unser Generationen-Fötus.

Hier kommt auch der Kommunikationstrick »Weniger ist mehr!« oder »Verzicht bringt auch Gewinn!« an seine Grenzen. Für trainierte Konsummenschen ist **mehr** einfach **besser,** und Verzicht heißt für solche Menschen **Mangel**. Die hübsche These vom Gewinn durch Verzicht setzt entweder eine Persönlichkeit mit aufgeklärt-nichtmaterialistischer Wertestruktur oder eine moralische Persönlichkeit voraus, die das Glück und die Chancen künftiger Generationen als eigenen Gewinn oder aber als zwingende Pflicht interpretieren kann.

Das Bundesverfassungsgericht hat ganz in diesem Sinne (vgl. die Entscheidung zum Klimaschutzgesetz 2021) die Freiheit der künftigen Generationen als rechtlich relevante Größe eingeführt. Damit wurde die Freiheit der aktuellen Generation deutlich eingeschränkt.

Einfach ausgedrückt: Das BVG hat uns zum Verzicht auf einen exzessiven Freiheitsbegriff angehalten. Das ist nur bei vielen

Menschen, auch bei vielen führenden Personen in der Politik, noch gar nicht angekommen!

*

Alle genannten Verzichtsformen stellen übrigens unsere Wirtschaftsweise und unser gewohntes Alltagsleben infrage. Wir leben in einer von einer Wachstumspflicht getriebenen, kapitalorientierten Weltwirtschaft. Diese Wirtschaftsform funktioniert nicht mehr, wenn viele Menschen weniger konsumieren oder nur noch langlebige Qualitätsprodukte kaufen. Die Wachstumswirtschaft braucht die großen Mengen, und sie braucht auch das schnelle Wegwerfen derselben ...

Trotz dieser Problematik sind Verzichte dringend nötig, weil anders der Lebensraum Erde für unsere Gattung verloren geht. Es braucht deshalb eine mutige Ordnungspolitik, die Schritt für Schritt die Rahmensetzung für Wirtschaft und Alltagsleben am Ziel der ökologischen Stabilität und der sozialen Gerechtigkeit durch Verteilungsgerechtigkeit und nicht länger durch Trickle-down-Illusionen ausrichtet. Die parlamentarische Demokratie muss den Mut haben, den Menschen Zumutungen aufzuerlegen. Das ist weder ungewohnt noch unmöglich: Auch alle Steuergesetze sind letztlich »Zumutungen« – keine Steuer beruht auf reiner Freiwilligkeit der Vernünftigen!

Gleichzeitig muss aber auch ein gesellschaftliches Tabu abgebaut werden: Das Suffizienztabu, also die Verleumdung von Selbstbeschränkung als vorgestrige Spießigkeit, muss durch eine Haltung aufgeklärter Rationalität abgelöst werden. Es muss Menschen geben, die mit aller Deutlichkeit die Notwendigkeit der Beschränkung unserer Ansprüche an den Planeten thematisieren. Wer nur fordert, sich künftig zu 100 Prozent mit erneuerbaren Energien zu versorgen, und es vermeidet, über die in Anspruch genommenen absoluten Mengen zu sprechen, wird unserer Meinung nach dem Problem nicht gerecht. Wir haben leider vorrangig ein Mengen- und nicht nur ein fossiles Technologieproblem. Deshalb ist die vielfältige sozialökologische Krise auch nicht mit Technologie allein zu bewältigen.

Welche Gewinne?

Das Gewinnen ist eine der wirksamsten Triebfedern für das Verhalten des Menschen. Ob in der Wirtschaft, im Sport, im Spiel, bei politischen oder wissenschaftlichen Projekten, ja auch in der Erotik – überall lässt uns die Aussicht auf Gewinn aktiv und vor allem kreativ werden. Das Gewinnen hat erregenden Reiz, die drohende Niederlage macht Angst. Für das Erzielen von Gewinnen muss man sich bilden und informieren, aktivieren, anstrengen, man muss Wagnisse eingehen, investieren und Aufwand betreiben.

Es ist auf den ersten Blick nicht naheliegend, den Verzicht, also das »Sein-Lassen«, als Weg zu Gewinnen vielfältiger Art zu erkennen.

Es soll in den nachfolgenden Texten gezeigt werden, dass vieles, was heute als Gewinn gilt, bei näherer Betrachtung eher den Charakter von Verlust aufweist. Stellvertretend sei an dieser Stelle schon das vielleicht erschütterndste Beispiel genannt: Die Welt wird täglich, stündlich, minütlich ärmer, weil ohne Unterbrechung große Teile der evolutionär entstandenen Artenvielfalt – Tiere, Pflanzen, Pilze – in rasendem Tempo ein für alle Mal verschwinden. Das aktuell stattfindende sechste große planetare Massenaussterben kann nur gestoppt werden, wenn die Menschheit auf die weitere Expansion der eigenen Art verzichtet, Lebensräume unangetastet lässt und vor allem den exorbitanten Gebrauch von Pestiziden einstellt.

Die Verzögerung und im Idealfall die Beendigung des Artensterbens wären ein kaum hoch genug einzuschätzender Gewinn. Es geht um Chancen für alle nachfolgenden Generationen aller heute noch existierenden Arten – auch und vor allem des Homo sapiens selbst. Wenn wir aufhören, durch unser aktuelles Verhalten das Artensterben stetig zu beschleunigen, hören wir auch auf, uns selbst vielfältiger wertvoller Erlebnisse und der Stabilität des gesamten Lebenssystems zu berauben.

Durch die Folgen der vom Menschen vorangetriebenen Expansion der eigenen Art und der Extraktion von Rohstoffen werden die Lebensräume anderer Arten stark eingeschränkt, in ihrer Qualität verschlechtert und oft sogar vollständig vernichtet. Es hilft nicht (oder viel zu wenig), das negative Verhalten etwas zu vermindern oder in der Intensität abzuschwächen. Es gilt, ab sofort auf die verderblichsten Projekte schlicht und einfach zu verzichten. Die Menschheit muss sich auf die von ihr bereits belegten Bereiche beschränken und mit dem schon angeeigneten Material auskommen. Das 2022 in Montreal von der Staatengemeinschaft definierte Ziel, 30 Prozent der terrestrischen und ozeanischen Räume unangetastet zu lassen, ist insofern ein gutes und richtiges Ziel, als es genau den verlangten Verzicht auf weitere Expansion und Extraktion beschreibt. Auch das im März 2023 von den Staaten der UN abgeschlossene Hochsee-Abkommen zum Schutz der Weltmeere ist ermutigend. Ob die Staaten der Erde wirklich die ernsthafte Absicht haben, die in diesen Abkommen definierten Ziele auch zu erreichen, steht auf einem anderen Blatt. Die feierliche Deklaration der Absicht ist aber wertvoll, weil endlich in internationalen Dokumenten beschrieben wird, dass Verzicht kein Tabu ist, sondern zu einem dauerhaften Gewinn an Sicherheit für alle führen kann.

*

»Was wir gewinnen, wenn wir verzichten« ist nicht nur der Titel dieser Sammlung von Essays, sondern sollte das Motto der nächsten Jahre werden. Der geistige und politische Wettbewerb sollte sich genau um die Frage drehen, was wir unbedingt beenden müssen, um Wichtiges zu sichern und anderes endlich zu erreichen. Es ist eine Binsenweisheit, dass derzeit auch in den sogenannten Überflussgesellschaften des industrialisierten Nordens vielfältiger Mangel herrscht: Es mangelt nicht nur Teilen der Bevölkerung an Sicherheit in der Versorgung mit dem Nötigsten, es herrscht auch in mittleren und oberen Schichten vielfach Mangel an dem, was die Autoren Robert und Edward Skidelsky in ihrem Buch »Wie viel ist genug?« (München 2015) als »Basisgüter« bezeichnen: Respekt, Gesundheit, Sicherheit, Persönlichkeit, Freundschaft, Harmonie mit der Natur und Muße.

Wir sind der Meinung, dass die ausreichende »Versorgung« mit diesen Basisgütern nicht mit einer Vermehrung der materiellen Verbräuche erreicht werden kann, sondern auch und vor allem durch eine Reduktion der Ansprüche, also durch die Beschränkung von Konsum, Expansion und Extraktion.

Erich Fromm hat das Problem schon früh (im Jahr 1976) und unschlagbar knapp in einem Buchtitel zusammengefasst: »Haben oder Sein?« Das ist die entscheidende Frage. Wer sich dem Haben als Dogma für ein erfülltes Leben ausliefert, verarmt innerlich und beschleunigt die Verarmung des Planeten. Das Ziel ist nicht das Gar-nicht-Haben, Ausgangspunkt ist das »rechte Maß« gegenüber dem »Übermaß«. Wenn es stimmt, dass Übermaß fast immer schadet, dann ist im Fall des systematisch und für lange Zeit praktizierten Übermaßes Verzicht die Rettung.

Schönheit und Wildnis statt Massenaussterben!

Wir verzichten gern auf weitere Expansion der Gattung Homo sapiens

»Die Ziele für den Schutz und die nachhaltige Nutzung der Natur können nicht erreicht werden, wenn die derzeitigen Entwicklungen so weitergehen. Um die Ziele für 2030 und darüber hinaus zu erreichen, ist transformativer Wandel wirtschaftlicher, sozialer, politischer und technologischer Faktoren notwendig.«

Aus dem Bericht des Weltbiodiversitätsrates IPBES 2019

2,99 Euro? 99 Cent? Gar nichts?

Was ist ein Tagpfauenauge wert? Was ein Riedteufel? Was ein Blauschwarzer Eisvogel? Oder ein Regensburger Gelbling?

Die erste Art ist vielleicht noch den meisten Menschen bekannt. Aber die drei anderen in unseren geografischen Breiten eigentlich vorkommenden Schmetterlinge? Wohl kaum. Das ist auch wenig verwunderlich, denn die letzten beiden gelten bereits als ausgestorben, und der kleine, unscheinbare Riedteufel ist wahrscheinlich auch bald nicht mehr da. Die sogenannte Rote Liste führt ihn als gefährdete Art. In Deutschland gelten rund zwei Drittel der Schmetterlingsarten als ausgestorben oder gefährdet oder stehen auf der Vorwarnliste.

Kann es uns nicht eigentlich ziemlich egal sein, ob ein Blauschwarzer Eisvogel herumflattert oder nicht, zumal ihn sowieso kaum jemand kennt?

In einer Welt, in der alles vor allem in Geld gemessen wird – getreu dem Motto: Was nichts kostet, ist nichts wert! –, fällt es offenbar schwer, etwas, das kein Preisschild trägt, als Wert an sich anzusehen. Schützen und bewahren – warum eigentlich? Welchen Wert hat Artenvielfalt?

*

Bleiben wir zunächst beim gewohnten Denken in Nützlichkeitskategorien: Die Evolution hat einen wunderbaren Reichtum der Artenvielfalt an Pflanzen, Tieren, Pilzen und einzelligen Lebewesen hervorgebracht. Diese Vielfalt stellt für uns Menschen die Lebensgrundlagen dar und täglich neu bereit. Ihr monetärer Wert ist weder zu beziffern noch zu überschätzen. Die Leistungen der Natur in Form von sauberem Wasser, Fruchtbarkeit der Böden, reiner Luft, Bestäubung, Produktion von Biomasse unterschiedlichster Art (pflanzlicher und tierischer Nahrung, Brennstoff, Baumaterial ...) sind unbezahlbar und vor allem unverzichtbar. Die Vielzahl von Organismen, die daran »mitarbeitet«, ist nicht zu überblicken und zum Teil noch gar nicht entdeckt und erforscht.

Es muss uns klar sein: Wir leben nicht von Aktiendepots, Kapitalrenditen, Computerspielen, Kreuzfahrten oder von Bonusmeilen für Vielfliegerei! Wir leben von einer dünnen Schicht fruchtbaren Bodens, der belebt ist und von einer unvorstellbaren Vielzahl und Vielfalt von Mikrolebewesen ständig erhalten und erneuert wird. Wir leben von einer lebensfreundlichen Atmosphäre, die äußerst sensibel auf Veränderungen reagiert. Wir leben von sauberem Wasser und Sonnenlicht. All das ermöglicht den Pflanzen das Leben. Und von den Pflanzen wiederum leben wir Menschen und die ganze Tierwelt.

*

Die verschiedenen Ökosysteme stellt man sich am besten als Netze vor, die durch viele Knoten miteinander verknüpft, stabil und tragfähig sind. Wenn einzelne Arten (also Knoten) daraus verschwinden, dann bleibt das zunächst meist unbemerkt. Das Netz hält durch seine unzähligen Verknüpfungen sehr lange sehr viel aus. Was nicht auffällt, ist aber manchmal besonders gefährlich. Ärztinnen und Therapeuten kennen dieses Problem …

Derzeit läuft – von den meisten unbemerkt – etwas ab, bei dem man eigentlich weder als Zeuge noch als Täter dabei sein möchte. Wir sind aber nun mal Zeugen. Wir sind leider auch aktiv handelnd dabei: Es geschieht auf unserem Planeten das größte Artensterben seit dem Ende der Dinosaurier! Dieses von der Fachwelt als das »sechste« Massenaussterben bezeichnete Ereignis geht zudem weit schneller vonstatten als alle seine erdgeschichtlichen Vorläufer. Bis zu eine Million Arten weltweit sind derzeit vom Aussterben bedroht, und viele von ihnen werden bereits in den nächsten Jahrzehnten verschwinden. Die bekannte grafische Darstellung der planetaren Grenzen von Rockström et al. (»Planetary boundaries«, Stockholm 2009, aktualisiert 2015) zeigt klar auf, dass das Verschwinden der biologischen Vielfalt als noch dramatischer und akuter einzustufen ist als die Klimaüberhitzung. Die Wissenschaft konstatiert der Menschheit in diesem Bereich: »Sicherer Handlungsraum verlassen, hohes Risiko gravierender Folgen.« Auf dem Weg in den Zusammenbruch der planetaren Systeme sind wir also beim Massenaussterben mit einem Fuß schon über dem Abgrund. Die Löcher in den Netzen der Biodiversität sind bereits bedrohlich groß. Dennoch zeigt sich das Reißen des Biodiversitätsnetzes für Menschen außerhalb der Fachwissenschaften derzeit noch nicht. Es läuft weitgehend unspektakulär ab. Wie bei einer überladenen Einkaufstasche, die den Träger bis kurz vor die Haustür nicht im Stich lässt und dann plötzlich doch reißt. Die Eier sind kaputt, und die Orangen rollen über die Straße …

*

»Wenn ich wüsste, dass morgen die Welt unterginge, würde ich heute noch ein Apfelbäumchen pflanzen.«

Ob das Zitat nun von Martin Luther stammt oder nicht, ist nicht wichtig. Es beschreibt dennoch genau das, was zu tun ist. Im wahrsten Sinne des Wortes gilt: Es ist keine Option, angesichts des weltweiten und dramatischen Ausmaßes der Biodiversitätskrise die Hände in den Schoß zu legen und zu resignieren. Die treibenden Kräfte des Aussterbens sind nämlich bekannt, wissenschaftlich bestens untersucht, und das Wichtigste (!) ist: Sie sind veränderbar. Es wird vor allem mehr Vegetation gebraucht. »Pflanzen statt Roden und Asphaltieren« ist die Devise und Lebensräume zu schonen, statt sie immer mehr für menschliche Expansion zu beanspruchen! Vor allem aber gilt es, das System der Nahrungsmittelproduktion zu reformieren und zukunftssicher zu machen.

Gut die Hälfte der deutschen Landesfläche wird landwirtschaftlich genutzt. Leider ist dort der Rückgang der Arten (Vögel, Amphibien, Insekten, Säugetiere ...) am dramatischsten. Der Agrarreport des Bundesamtes für Naturschutz sagt es deutlich: »Von allen ... Lebensraumbereichen ist die Artenvielfalt in der Agrarlandschaft am stärksten rückläufig. Ohne eine naturverträgliche Landwirtschaft werden die Ziele der Nationalen Strategie zur biologischen Vielfalt (NBS) nicht zu erreichen sein.«

Fragt man die Wissenschaft nach den vordringlichen Gründen für das Artensterben, erhält man die immer gleichen Antworten. Der Artenreichtum ist vor allem durch folgende Fehlentwicklungen bedroht:

1. Es werden generell zu viele Pestizide ausgebracht.
2. Es wird mit zu viel Stickstoff (mineralisch oder durch Gülle) gedüngt.
3. Es wird zu früh und zu oft gemäht.
4. Die Einzelflächen in der Landwirtschaft sind zu groß. Feldraine, Feldgehölze und ungenutzte Feldränder als Rückzugsräume sind verschwunden.

5. Die Fruchtfolge auf den Äckern fehlt oder ist unzureichend.
6. Es wird immer mehr Landschaft durch Gewerbe, Siedlung und Verkehr zerschnitten und so der genetische Austausch von Arten verhindert oder erschwert.

Beispielhaft hat eine direktdemokratische Aktion in Bayern gezeigt, dass diese wissenschaftliche Diagnose mittlerweile sehr viele Menschen beschäftigt: Das Volksbegehren »Artenvielfalt – Rettet die Bienen!« wurde von über 1,7 Millionen Wahlberechtigten im Februar 2019 zum Erfolg geführt. Bei Wind und Wetter standen die Menschen in langen Schlangen vor den Rathäusern, um für mehr und besseren Artenschutz zu unterschreiben. Die Aktion wurde das bisher erfolgreichste Volksbegehren in der bayerischen Geschichte und hat das Thema Artensterben auf die politische Tagesordnung gehoben. Landtag und Staatsregierung mussten das direktdemokratisch erarbeitete, neue und deutlich verbesserte Naturschutzgesetz eins zu eins übernehmen. Fast noch wichtiger war, dass durch diese Aktion ein Bewusstseinswandel in der Bevölkerung eingeläutet wurde. Die Erkenntnis greift um sich, dass es beim Schutz der Artenvielfalt nicht nur um den Amazonas-Regenwald, den Sibirischen Tiger oder den Afrikanischen Waldelefanten geht. Hotspots der Artenvielfalt liegen auch hier in ganz Mitteleuropa um die Ecke. Sie heißen beispielsweise Streuobstwiese, Moor oder Auwald – sämtlich Lebensräume, die in den letzten Jahrzehnten fast verschwunden sind. Feldlerche, Rebhuhn, große Hufeisennase und viele andere Arten sterben gerade direkt vor unserer Nase aus. Auf internationalen Konferenzen, bei denen Europäer gern afrikanischen, lateinamerikanischen und asiatischen Staaten Empfehlungen und Forderungen zum Artenschutz präsentieren, wird ganz zu Recht auch nach den Leistungen der Europäer gefragt ... Wer dort mit leeren Händen auftritt, hat mehr als ein Glaubwürdigkeitsproblem.

*

Mehr Lebensraum für Pflanzen und Tiere lässt sich fast überall schaffen, verbessern und erhalten: auf jedem Balkon, in jedem Garten, auf manchem Dach, auch auf Friedhöfen und auf allen kommunalen Grünflächen. Und wir alle müssen sofort damit anfangen. Wenigstens die Anwendung von Pestiziden sollte in den genannten Bereichen zum absoluten Tabu werden! Wie erwähnt, wird jedoch der bei Weitem größte Teil der Landesfläche landwirtschaftlich genutzt.

Um die Vielfalt der Arten und ihre Lebensräume zu erhalten und zurückzugewinnen, brauchen wir deshalb eine Landwirtschaft, die sich die Versorgung der eigenen Bevölkerung zur Aufgabe macht und die nicht am Weltmarkt mit Billigprodukten punkten will. Eine Landwirtschaft, die sich nicht länger einseitig am Ziel »Höchstertrag« orientiert, kann dann auch als wichtiger Faktor in der anstehenden umfassenden ökosozialen Transformation wirksam werden. Sie kann zum Musterbeispiel für die anzustrebende Gemeinwohlökonomie werden, die einerseits den nötigen Bedarf deckt, sich aber von der einseitigen Wachstums- und Renditeorientierung verabschiedet. Artenvielfalt wird in einer solchen Landwirtschaft zum »Produktionsziel« und muss als solches jenseits der unmittelbaren Lebensmittelmärkte bezahlt und gesamtgesellschaftlich honoriert werden. Eine solche Landwirtschaft muss nicht mehr unter ökonomischem Zwang mit Ackergiften, hohem Düngereinsatz und importierten Futtermitteln unter Inkaufnahme massiver Klimakosten Höchsterträge erzielen. Es sind genau diese, die für Artenvielfalt, Grundwasser und Bodenfruchtbarkeit die größten Probleme schaffen. Höchsterträge, die niemand wirklich braucht und von deren Verkauf auch die Bauernfamilien selbst kaum anständig leben können. Das anhaltende Höfesterben korreliert traurigerweise mit dem Artensterben …

*

Rechnerisch werden auf der Welt schon heute genügend Lebensmittel für elf Milliarden Menschen produziert. Es wäre also genug für alle da. Würde nicht der industrialisierte Teil der Weltbevölkerung mit vollen Händen Lebensmittel wegwerfen und große Teile der Ernte in den Futtertrog oder den Tank kippen, wäre der Weg in eine gemeinwohlorientierte Landwirtschaft und in eine gesicherte Nahrungsmittelversorgung für alle Menschen leichter zu gehen. Man möchte so laut wie möglich mit Mahatma Gandhi rufen: »Die Erde hat genug für jedermanns Bedürfnisse, aber nicht für jedermanns Gier.«

Aber selbst wenn alle bescheidener, nachhaltiger und rücksichtsvoller leben würden, müsste der Grundsatz beachtet werden: Auf einem begrenzten Planeten kann es kein unbegrenztes Wachstum geben. Auch nicht für die Gattung Homo sapiens. Es ist Zeit, sich ein ebenso einfaches wie herausforderndes Ziel zu setzen: Das sechste große Massenaussterben muss jetzt gestoppt werden. Schönheit und Wildnis des Planeten und die Vielfalt seiner Bewohner bleiben erhalten – nicht weil sonst das Netz reißt, das uns trägt, sondern weil wir einfach kein Recht haben, dieses grandiose Ergebnis der Evolution zu gefährden oder gar zu zerstören.

Zukunft für unsere Kindeskinder, Selbstachtung uns Lebenden!

Wir verzichten gern auf Bequemlichkeit und kurzfristige Gewinne

In der Studie von Donella und Dennis Meadows über die »Grenzen des Wachstums« (1972) wird die verhängnisvolle Ausblendung der langen Zeitperspektive als eines der großen Probleme der heutigen Menschheit genannt. Die Entscheidungen werden nach ihrer Wirkung für jetzt und morgen, nicht aber für die kommenden Jahrhunderte und Jahrtausende beurteilt. Anders als im bürgerlich-individuellen Leben schert man sich kollektiv-gesellschaftlich nicht um die Erben und die Qualität des Erbes. Unser Ansehen steht auf dem Spiel. Und das Leben der heutigen Spezies.

Eine der frühen Standardformulierungen in den 1980er-Jahren für die ökologische Sicht der Dinge war der Slogan: »Wir haben die Erde nur von unseren Kindern geborgt ...« Regelmäßig ist bei Appellen und Grundsatzerklärungen zu den vielfältigen Krisen auch heute die Rede von den »künftigen Generationen«, an die es zu denken gelte.

Es lohnt sich, über das Erben und Vererben, über berechtigte und falsche Erwartungen, über das Bewahren und Verlieren von Gütern aller Art nachzudenken.

Das Erbe, das weitergegeben werden kann, setzt sich in aller Regel aus mehreren Komponenten zusammen. Da ist einmal das »alte Vermögen«, das der Erblasser oder die Erblasserin selbst schon geerbt hat. Hinzu kommt neu erworbenes Vermögen, das auf Leistungen des Erblassers bzw. der Erblasserin, von Partnern und Mitarbeitenden anderer Art und vielfach auch auf glückliche Zeitumstände und positive gesellschaftliche Verhältnisse zurückzuführen ist: Auch sehr fleißige und kreative Leute sind auf Leistungen der sie umgebenden Gesellschaft angewiesen. Niemand erwirbt z. B. eine Berufsausbildung, einen Studienabschluss, eine berufliche Karriere ganz und gar aus eigener Leistung. Immer sind da wesentliche Anteile, die man als »Leistungen der Gesellschaft« definieren kann. Wer zu Zeiten erfolgreicher Innovationen und ökonomischen Aufstiegs lebt, dem wird es leichter gemacht, erfolgreich zu arbeiten. Menschen, die in Phasen von Stagnation, »bad government« oder gar kriegerischen Katastrophen leben müssen, haben es ohne eigenes Verschulden weit schwerer. Vielleicht wird ihnen ein angemessener Erfolg schlicht durch die Umstände verwehrt. Schließlich gibt es noch zufällige »Ereignisse« – vom Lottogewinn bis zu einem geglückten Investment an der Börse.

Die historischen gesellschaftlichen Umstände eines Lebens können zur Mehrung oder eben auch zur Schmälerung oder gar zum Totalverlust des Vermögens führen: Nicht nur deutsche Biografien des 20. Jahrhunderts zeigen solche leidvollen Erfahrungen – Enteignung, Verfolgung, Krieg, Flucht und Vertreibung haben viele das Leben gekostet, andere »nur« die materielle Existenz.

Bis weit ins 20. Jahrhundert hinein war das Thema »Erhalt der ökologischen Lebensgrundlagen« kaum jemals Gegenstand philosophischer und politischer Erwägungen. Die Menschen erlebten zwar im Verlauf der in Fahrt kommenden industriellen Entwicklung Verluste an natürlicher Schönheit ihrer regionalen Umgebung und beklagten solche Verluste in literarischen Texten oder in pessimistischen Zeitkommentaren – politische Programme und juristische Festlegungen gab es dazu aber kaum. Der umfassende technische und wissenschaftliche Fortschritt war für viele angenehm und ließ insgesamt eine weitere Besserung der Lebensverhältnisse erwarten. Die von Romantikern und Zivilisationspessimisten wahrgenommenen Verluste gerieten nicht ins kollektive Problembewusstsein.

Erstmals sieht sich die heute lebende Menschheit mit der Frage konfrontiert, in welcher Qualität sie das kollektive Erbe an die kommenden Generationen übergeben wird. Es zeigt sich auch, dass etliche Bestandteile des selbst übernommenen Erbes leider abgeschrieben werden müssen, weil sie völlig entwertet oder ganz verschwunden sind. Das bürgerliche Diktum »Unsere Kinder sollen es einmal besser haben!« wird mehr und mehr zur Farce: Man mag die Selbstbenennung bekannter Protestgruppen – »Extinction Rebellion« oder »Letzte Generation« – für übertrieben halten. Allein dass solche Ideen in Teilen der jungen Generation verbreitet sind, ist ein dramatisches Zeichen.

Die industrialisierte Menschheit praktiziert nach wie vor ein expansives Verhalten, das alle bisher von ihr noch nicht in Anspruch genommenen Habitate betrifft. Die Expansion ist begleitet von einer stetig intensiveren Extraktion der dort lagernden sogenannten Boden-»Schätze«. Ebenso findet die Aneignung der mit diesen Habitaten verbundenen Möglichkeiten statt: Es erfolgt zunächst die Entfernung der natürlichen Vegetation, anschließend werden Anbau und Nutzung von Pflanzen vorangetrieben, die sich für die Verwertung in industrialisierten Systemen als Genussmittel, Futtermittel oder »nachwachsende Rohstoffe« eignen.

Expansion und Extraktion sind weitgehend vermiedene Begriffe. Man benutzt sie nicht, beschreibt die Vorgänge lieber mit den positiv besetzten Begriffen der »Entwicklung« und des »Wachstums der Wirtschaft«.

Expansion und Extraktion sind Angriffe auf das Erbe. Die Erde wird kontinuierlich entwertet. Was einmal vielfältige Möglichkeiten enthielt, ist nach der Extraktion leer. Die Einkaufsmeilen dieser Welt und die Wohnungen im industrialisierten

Teil der Menschheit sind angefüllt mit ehemaligen Möglichkeiten, die schon heute kaum genutzt werden und schon bald im besten Fall Abraum und im schlimmsten Fall Giftmüll sein werden. Jede im aktuellen Fossilsystem produzierte Ware, auch jede mit fossiler Energie vorgenommene Reise schränkt die Möglichkeiten und Freiheiten späterer Generationen ein. Es bietet sich die Parallele zum zweiten Hauptsatz der Thermodynamik an: Wir verlieren auf diesem Planeten nichts, aber wir müssen mit jedem Nutzungsprozess die Abnahme der Chancenqualität akzeptieren. Hoch konzentrierte Rohstofflagerstätten mit offenen und umfassenden Möglichkeiten verwandeln sich durch Nutzung für die Produktion von Geräten aller Art, für die Organisation von Dienstleistungen, für all die Prozesse unseres technisierten Lebens Schritt für Schritt trotz aller Bemühungen um Wiederverwertung und mehrfach kaskadische Nutzung unweigerlich bestenfalls in chancenarmen Müll und schlimmstenfalls in gefährliches Gift. Je mehr Rohstoffe extrahiert und umgewandelt werden, desto schneller schreiten die Entropie, der Wärmetod, die völlige Entwertung des Planeten voran. Christian Schütze hat diese Seite der Industrialisierung und der Konsumwelt in einer damals viel diskutierten Streitschrift »Das Grundgesetz vom Niedergang« (München 1989) beschrieben und seinem Buch den provokativen, aber leicht verständlichen Untertitel »Arbeit ruiniert die Welt« gegeben. Während also im bürgerlichen Leben in aller Regel das Erbe eines fleißigen Vorfahren erfreulich ausfallen dürfte, müssen wir bei Beachtung des zweiten Hauptsatzes der Thermodynamik, also des Entropiegesetzes, annehmen, dass im Gesamten der planetarischen Entwicklung eine arbeitsame, ökonomisch erfolgreiche und umtriebige Vorgängergeneration das Erbe schmälert und entwertet. Der Fleiß der Vorfahren hinterlässt ein fragwürdiges Erbe. Im schlimmsten Fall bleibt für die Nachkommen kaum etwas anderes als geschädigte ökologische Systeme und viele chancenarme Müllhalden.

Jede neue Produktion, jeder neue Kauf, jede nicht vorgenommene Pflege- und Erhaltungsmaßnahme (sprich Reparatur), alles rasche Wegwerfen (sprich Entsorgen) muss sich aber nicht nur vor der Zukunft, sondern auch jetzt schon vor der Aktualität rechtfertigen: Die Räume, aus denen Materialien für ständig neue Produktmengen entnommen werden, sind oft schon nach wenigen Jahren verwüstet. Fast regelmäßig zerbrechen Sozialstrukturen dort, wo »Bodenschätze« entdeckt und erschlossen werden. Vor allem der rohstoffreiche afrikanische Kontinent zeigt vielfältige Beispiele für die genannten »Entwicklungen«: Das von der Erdölexploration betroffene Nigerdelta ist hier zu nennen, aber auch die mit vielfältigen Mineralien »gesegnete« Republik Kongo. Sehr oft ist die Entdeckung von wertvollen Stoffen der Start einer dramatischen Abwärtsbewegung mit Kriegen um Zugriffsmöglichkeiten, mit Vertreibungen, Verwüstungen und Völkermord.

Die dort lebenden Menschen werden rasch entrechtet, verelendet, ihrer herkömmlichen Lebens- und Wirtschaftsweise entfremdet und sehr oft zur Migration gezwungen. Die Tiere und Pflanzen dieser ehemaligen Habitate verschwinden. Möglichkeiten, Fähigkeiten und Schönheiten gehen verloren. Das Erbe wird reduziert oder vernichtet.

Im Bericht an den Club of Rome aus dem Jahr 1972 (»Die Grenzen des Wachstums«) wird von Donella und Dennis Meadows eine Ursache dieser bedrohlichen Entwicklung genannt: Die Menschen haben große Probleme damit, zeitliche und räumliche Weite in ihre Entscheidungen einzubringen. Womöglich leiden wir alle evolutionsbedingt und genetisch geprägt unter einer sehr engen Raum-Zeit-Wahrnehmung. Entsprechend eng und kurz ist dann auch die Wahrnehmung von Verantwortung: Der nächste Tag und die eigene Wohnung nehmen den Großteil der eingesetzten Handlungsenergie, der Sorge und Verantwortung in Anspruch. Eine Problematik, die sich auf das kommende Jahrzehnt und auf andere Erdteile oder auch auf die Atmosphäre des Planeten bezieht, findet nur sehr eingeschränkt Eingang in die Wahrnehmung und in die Verantwortung ...

Wer diesem Defizit nicht ganz bewusst widersteht, schädigt das Erbe und enterbt unbewusst seine Nachkommen. Indigenen Völkern wird zugeschrieben, ein »Gesetz der siebten Generation« zu kennen: Wichtige Entscheidungen werden, bevor sie fallen, auf die Frage geprüft, welche Auswirkungen die geplanten Maßnahmen auf die siebte Generation nach der aktuellen haben. Es mag eine idealisierte Darstellung sein, mangelnde Überprüfbarkeit dieser Erzählung ändert aber nichts an der darin enthaltenen Weisheit: An einer solchen Haltung fehlt es aktuell in den Industrieländern. Wir entscheiden vielfach nach zeitlich kurz und räumlich eng gefassten Kriterien. Wir entscheiden zudem schnell – vor allem dann, wenn Beschleunigungsgesetze in Mode kommen ...

Der zweite thermodynamische Hauptsatz (»Entropiegesetz«) könnte dazu anregen, die Frage nach dem Fortschritt neu zu beantworten. Während bisher oft einfache Antworten praktiziert werden – als Fortschritt gilt meist schon das Quartett »mehr, schneller, bequemer, billiger« –, legt das aus der Physik entlehnte Entropiegesetz nahe, ein Verfahren als fortschrittlich zu bezeichnen, wenn nachweislich damit die Entwertung der Erde verzögert wird. Ganz vermeiden können wir diesen Vorgang nicht, es muss aber unser Ziel sein, im Interesse unserer Erben das heutige rasante Tempo des Chancenabbaus zu beenden.

*

Die Entwertung der Welt und damit die Schmälerung des kollektiven Erbes können nur durch einen Kulturwechsel verhindert werden. Dauerhafte, reparaturfähige Produkte müssen Standard werden. Die Massenproduktion von kurzlebigen Wegwerfartikeln muss aufgegeben werden. Mit einem solchen Paradigmenwechsel wäre freilich auch eine grundlegende Veränderung der Arbeitswelt verbunden. Rohstoffleichte Dienstleistungen in Betreuung, Pflege, Bildung, Forschung und Kultur, die heute oft unterbleiben, weil sie angeblich »nicht so wichtig« oder »unbezahlbar« sind, müssen ins Zentrum des Interesses der Gesellschaft rücken. Dass bei einer geringeren und insgesamt weniger materiell orientierten Produktivität auch die materiellen Konsummöglichkeiten der Einzelnen sinken werden, ist dabei unbestritten und unvermeidlich. Der Ökonom Niko Paech hat zutreffend eine solche Entwicklung hin zur Halbierung der Arbeitslast bei gleichzeitiger Reduzierung der finanziellen Konsummöglichkeiten als »Befreiung vom Überfluss« bezeichnet.

Wer heute auf die Fortsetzung oder gar Beschleunigung und Intensivierung von Expansion, materieller Produktion und weiterer Extraktion der Rohstofflager verzichtet, gewinnt nach unserer Überzeugung Ansehen bei seinen Nachkommen. »Davon kann man sich aber nichts kaufen«, sagt der Homo oeconomicus industrialis. Das trifft wohl zu, stellt aber dennoch einen Gewinn dar. In traditionell bürgerlich- oder bäuerlich-konservativer Sichtweise galt und gilt teilweise immer noch: Wer das übernommene Erbe, den seit Generationen bewirtschafteten Hof, die von den Großeltern gegründete Firma im blanken, kurzfristig ausgerichteten Eigennutz vertan und seinen Nachkommen nichts als Schulden hinterlassen hat, gilt als trauriger Versager. Wer das Erbe bewahrt und das Gut gepflegt hat, wird geachtet und gilt als Vorbild.

Die Frage ist sehr altmodisch, aber sie sollte an unsere Generation gestellt werden: Wie möchte ich in Erinnerung bleiben bei all denen, die meine Erben sind?

Artgerechtes Leben für unsere Mitgeschöpfe!

Wir verzichten gern auf Tierquälerei und Massentierhaltung

Es ist ein altes Dilemma: Kann man das Leid von Tieren beklagen, kann man Tierwohl einfordern, wenn gleichzeitig fast überall auch Menschen leiden? Gibt es erlaubte ethische Rangfolgen und Abstufungen? Die industrielle Produktion von Nahrungsmitteln tierischer Herkunft ist ohne jeden Zweifel eines der drängendsten Probleme unserer Zeit. Seine Lösung darf aus ethischen und ökologischen Gründen nicht länger aufgeschoben werden.

Emotionen haben in öffentlichen, gar in politischen Debatten keinen guten Ruf. Trotzdem: Augen können einen verfolgen. Wir erinnern uns an die Situation Anfang 2020: Die Coronapandemie erfasst die Welt. Menschen fürchten sich, Menschen sterben, das medizinische Personal arbeitet über dem Limit, Staaten ergreifen Schutzmaßnahmen wie Kontakt-, Ausgangs- und Einreisebeschränkungen und ...

... auf den Meeren dieser Welt irren Schiffe umher, die nirgendwo mehr anlegen dürfen. Sie können ihre Fracht nicht löschen. Es ist eine kleine Randnotiz im großen Drama. Viele dieser Schiffe haben lebende Fracht an Bord. Presseleuten gelingt es, auf eines dieser Schiffe zu gelangen – ein Schiff unter libanesischer Flagge. Auf 14 Decks werden Schafe zum Schlachten transportiert. Schon bevor das Filmteam an Bord geht, beginnt es zu drehen: An der Außenwand des Schiffes läuft ein bräunlich rotes

Gemisch aus Kot und Blut herunter. Durch Gitter sind undeutlich einige Schafe zu erkennen. Der Gestank ist mit Sicherheit überwältigend. Es folgen Filmaufnahmen im Dämmerlicht von toten und sterbenden Tieren ohne Wasser und Futter, in den eigenen Exkrementen stehend oder liegend. Grausige Bilder, die sicher viele Menschen vor dem Fernseher zum Wegzappen bewegen. Wer nicht umschaltet, sieht in der nächsten Einstellung ein offensichtlich vor wenigen Tagen geborenes Lamm, das auf einem Mittelgang irgendwo auf diesem Schiff steht. Es ist allen Umständen zum Trotz fast blütenweiß und blickt frontal mit großen, dunklen Augen in die Kamera. Der Blick ist ähnlich dem Blick, den Kinder manchmal haben: neugierig, irgendwie erwartungsvoll und sehr direkt.

Ein Individuum blickt ein anderes Individuum an – und sei es nur durch eine Kameralinse. Diese Augen können das Gegenüber bewegen und beschämen. Wir alle sind Teil einer Welt, in der so etwas geschieht.

*

Die Einwände, die in nüchtern-rationalen Debatten zu solchen Darstellungen regelmäßig vorgebracht werden, sind bekannt: Vermenschlichung von Tieren und deren Verhalten, unlautere Emotionalisierung von bedauerlichen Ausnahmefällen, Marginalisierung von gleichzeitig stattfindendem menschlichem Leid durch Dramatisierung tierischen Leids, fehlende objektive Distanz ... Vielleicht sind das Abwehrreaktionen auf den schlichten Fakt, dass wir alle wissen, was jeden Tag geschieht: Wir werden als Gesellschaft und als Einzelne der Verantwortung unseren Mitgeschöpfen gegenüber nicht einmal ansatzweise gerecht. Angefangen von Qualzüchtungen bei Heimtieren zur Erreichung vom Menschen festgelegter »Schönheitsideale« über den millionenfachen »Verbrauch« von Tieren in Forschung und Lehre bis hin zu auf Leistung gezüchteten Nutztieren. Derartige »Züchtungserfolge«, die über physische Grenzen hinausgehen, haben in vielen Fällen deprimierende Ergebnisse: Am Ende ihres wenige Wochen dauernden Lebens können solche »Hochleistungstiere« oft nicht mehr stehen, weil die Fleischmasse sie zu Boden drückt. Oder sie können den Nachwuchs nicht mehr auf natürlichem Weg zur Welt bringen, weil das Junge vor lauter Masse schlicht nicht mehr durch den Geburtskanal passt.

*

Es ist unbestritten, dass Beispiele für den rücksichtslosen Umgang von Menschen mit unseren tierischen Mitgeschöpfen in unterschiedlicher Ausprägung und variierender Grausamkeit überall auf der Welt zu finden sind. Aber wie bei so vielen anderen zerstörerischen Dingen haben wir in den Industrienationen in Sachen Tierleid geradezu Perfektion erreicht. Dieses perfektionierte Wissen um die beste Technik für effiziente und ökonomisch optimierte Tierhaltung wird fleißig gegen viel Geld in alle Welt exportiert. Hierzulande finden solche Dinge allerdings meist hinter verschlossenen Türen statt. Und die Zäune und Mauern werden immer höher, um den Blick der Öffentlichkeit draußen zu halten – aus Schlachthöfen und Produktionsanlagen für Fleisch.

Als einer der wegweisenden Ausgangspunkte für die Industrialisierung der gesamten Arbeitswelt gelten die Schlachthöfe Chicagos im ausgehenden 19. Jahrhundert. Dort soll sich Henry Ford das Fließband für die Produktion von Autos abgeschaut haben. Schlachthöfe produzierten auch damals schon Fleisch am Fließband. Heute werden allein in Deutschland jährlich 750 Millionen Tiere geschlachtet, also über zwei Millionen Tiere jeden Tag. Diese schier unvorstellbare Masse kann nur durch industrialisierte Produktion und industrialisierte Schlachtung bewältigt werden.

Politisch gewollt und gefördert, ist die Industrialisierung in der Landwirtschaft in den letzten Jahrzehnten gut vorangekommen. Stolz wird erzählt, wie viele Menschen ein Betrieb vor 50 Jahren ernährt hat und wie viele es heute sind. Dank Technisierung, Automatisierung und letztlich Industrialisierung sind heute beispielsweise 170.000 Masthühner locker von einem einzigen Menschen zu »managen«. Das Nutztier als Lebewesen mit arteigenen Bedürfnissen, mit Schmerz- und Leidensfähigkeit wurde zum Produktionsfaktor degradiert, der entsorgt wird, wenn er kaputtgeht. Als Individuum verschwindet es in der anonymen Masse seiner zahllosen Leidensgenossen. Haltungsbedingungen, die ausschließlich an arbeitsökonomischen und profitorientierten Überlegungen entlang optimiert werden, sorgen dafür, dass wir heute routinemäßig die Tiere durch Verstümmelungen an die Haltungsbedingungen »anpassen«. Es wird »zurechtgeschnippelt« in Form von Enthornen, Kupieren, Zähne abschleifen, Schnäbel kürzen ... Und trotzdem verlassen beispielsweise über 90 Prozent der konventionell, also auf Betonvollspalten gehaltenen Mastschweine ihren Stall in Richtung Schlachthof mit haltungsbedingten Erkrankungen. Dabei sind diese Tiere bei Erreichen des Schlachtgewichts noch nicht einmal ganz ausgewachsen.

Systematisiertes Tierleid ist keine Randerscheinung in der heutigen Tierhaltung, sondern das entsetzlicherweise gesetzlich legitimierte »Normal«. Nur ein Beispiel von vielen: 22 Hühner auf einem Quadratmeter sieht der Gesetzgeber als geeignet an, um dem Tierschutzgesetz zu entsprechen. Dieses Gesetz legt unter anderem fest, dass die »Möglichkeit des Tieres zu artgemäßer Bewegung nicht so eingeschränkt werden darf, dass ihm Schmerzen oder vermeidbare Leiden oder Schäden zugefügt werden«. Auch ohne irgendein Hintergrundwissen ist jedem Menschen sofort klar, dass bei 22 Hühnern auf einem Quadratmeter an so etwas wie Bewegung überhaupt nicht zu denken ist.

*

Dieser entmenschlichte und gnadenlose Umgang mit unseren Mitgeschöpfen ist Folge unseres wachstumsgetriebenen Wirtschaftssystems. Das Profitstreben macht auch beim Umgang mit Lebewesen keinen Halt. Auch hier geben einige wenige Großkonzerne den Ton an. Wichtigstes Ziel ist es, Tiere möglichst kostengünstig zu produzieren. In einem gnadenlosen Verdrängungswettkampf leiden übrigens nicht nur die Nutztiere. Zunehmend leiden auch die Menschen, die in der Landwirtschaft arbeiten. Egal ob auf dem eigenen Hof, in der Saisonarbeit oder in Schlachthöfen, die Verhältnisse werden zunehmend prekärer und entmenschlicht. Über die dramatisch steigenden Suizidraten in landwirtschaftlichen Berufen verliert kaum jemand ein Wort.

Neben den Menschen und Tieren überfordern und missbrauchen wir aber auch sämtliche übrigen Ressourcen in diesem System: Böden, Wasser, Artenvielfalt. Alles das ist unseren Konsumwünschen und -gewohnheiten nicht gewachsen. Fleisch und tierische Produkte zum billigsten Preis, täglich in jeder gewünschten Menge verfügbar, daran ist der westliche Mensch gewöhnt. Unser Gewissen wird werbetechnisch beruhigt, damit auch ja kein Gedanke an Reduzierung oder gar Verzicht aufkommt. Auf den Verpackungen der Produkte sind in aller Regel romantische Markennamen und märchenhafte Bilder einer bäuerlichen Landwirtschaft zu sehen, die es in Wahrheit fast nicht mehr gibt. Um das Beispiel Huhn noch einmal zu bemühen: Es wird heute in den allermeisten Fällen genauso industriell hergestellt wie eine Packung Taschentücher.

In der Werbung gibt es sogar den Fachbegriff »Suicide Food«. Dabei lächeln uns glückliche Tiere auf sonnenbeschienenen, blühenden Wiesen entgegen, die fröhlich spielend zeigen, wie sehr sie sich freuen, uns als Lebensmittel dienen zu dürfen.

Sind wir wirklich so dumm? Offenbar schon.

Wir verbrauchen. Und das gern! Ohne uns über das rechte Maß oder über Anstand und Konsequenzen Gedanken zu machen.

*

Wäre es nicht endlich an der Zeit, uns zu fragen, woher wir uns das Recht zu solchem Verhalten nehmen? Eine einfache Antwort drängt sich auf: Wir haben ein solches Recht nicht. Verhaltensänderung ist ethische Pflicht.

*

Das Beenden einer nicht länger haltbaren Praxis wäre jenseits ethischer Pflicht die Quelle vielfältiger Gewinne für uns alle. Ein reduzierter Fleischkonsum für die mehrheitlich übergewichtige westliche Menschheit ist gesundheitlich geboten. Rund 60 Prozent des in der Europäischen Union erzeugten Getreides lindern keineswegs den Welthunger, sondern landen in den Futtertrögen unserer Nutztiere. Auch wäre es sehr hilfreich für den Kampf gegen die Klimaüberhitzung, auf die weitere Vernichtung von Regenwald zu verzichten, um Futter für europäische Rinder, Schweine und Hühner anzubauen. Auch für den Schutz unseres Trinkwassers wäre es viel besser, weniger Nutztiere zu halten und so den Eintrag von Nitrat ins Grundwasser zu verringern ...

Auch wenn man allmählich zögert, diese vielfach bewiesenen und schon oft vorgebrachten Fakten erneut aufzuzählen, gilt doch: Ein Ende der Massentierhaltung und die Umgestaltung unseres Ernährungssystems wären so etwas wie der ethisch-ökologische Jackpot im täglichen Versuch, gut und sinnvoll zu leben.

Wir halten fest: Die ökosoziale Transformation von Landwirtschaft und Ernährung hat eine hohe ethische Bedeutung. Sie ist aber auch rein ökonomisch unverzichtbar, wie schon 2008 der »Weltagrarbericht« der Vereinten Nationen nachgewiesen hat. Nicht eine global durchgesetzte Industrialisierung der Nahrungsmittelwirtschaft, sondern der Erhalt und die Stärkung regionaler, traditioneller und kleiner bis mittelgroßer Betriebsstrukturen bieten die Chance, den Hunger zu bekämpfen und die von Chancenverlusten angetriebene Migration einzudämmen.

Wenn diese Transformation gelingt, werden uns Bilder von »Schiffen des Grauens« vielleicht in Zukunft erspart bleiben. Weder geflüchtete Menschen noch verkaufte Tiere sollten auf den Meeren leiden und sterben.

Mehr Zeit für Familie, Beziehung und echte Erlebnisse!

Wir verzichten gern auf das Hamsterrad

Die Wachstums- und Beschleunigungsgesellschaft schickt viele Familien ins Hamsterrad. Im täglichen 24-Stunden-Rennen gibt es derzeit keine Chancengleichheit für das Team »Mama-Papa-Kinder« – es gewinnt immer das »Team Wirtschaft«.

Die schier endlose und ebenso folgenlose Diskussion um ein allgemeines Tempolimit auf deutschen Autobahnen macht keinen rechten Spaß mehr. Die Frage, ob wir wirklich immer schneller leben wollen, muss vom Asphalt weggeholt und ins alltägliche Leben verlagert werden. Hier ist qualitativ mehr zu entdecken.

Der Soziologe Hartmut Rosa meint, dass wir alle Tempo machen, weil wir meinen, gar keine andere Wahl zu haben. Rosa spricht vom »rasenden Stillstand«. Stillstand beschreibe unseren Mangel an attraktiven Zielen. Das Rasen sei die Folge unserer Angst vor einem Abgrund, der einem nachzukommen scheint. Sogenannte Realisten aus Wirtschaft und Politik behaupten: Wenn wir nicht schneller wachsen als die Konkurrenten, dann verlieren wir Arbeitsplätze, Wohlstand, Steuereinnahmen, Möglichkeiten zum sozialen Ausgleich, Stabilität der Gesellschaft – kurz alles, was das Leben angenehm macht. Das also wäre der uns verfolgende Abgrund, dem wir nur durch noch mehr Tempo entkommen können ...

So wird denn das Hamsterrad mehr und mehr zum Symbol des Lebens in entwickelten Gesellschaften: Rennen um des Rennens willen. Nur der Ausstieg würde helfen. Aber daran ist nicht zu denken. Wir müssen laufen. Schneller laufen!

Für eine Bevölkerungsgruppe ist das Hamsterrad der Wachstumsgesellschaft besonders gefährlich – für Menschen mit Kindern. In den letzten Jahrzehnten wurde den Familien das Zeitbudget beträchtlich geschmälert und damit Lebensfreude, Erlebnistiefe und die Entwicklung von Bindungsstärke in den ganz frühen Lebensphasen vermindert. Eltern sollen (müssen?) dem Arbeitsmarkt zur Verfügung stehen. »Vereinbarkeit von Familie und Beruf« kam als Angebot und wurde schnell zur Pflicht.

*

Die längste Zeit in der Geschichte der Menschheit dürfte die Sache klar gewesen sein: Die 24 Stunden dienten zum einen dem Nahrungsgewinn, zum anderen dem Schutz und der Pflege der gesamten Sippe. Auch für Schlaf, Rekreation und für kultische Feiern mussten Stunden und Tage eingeplant werden. Ein überschaubares Programm.

Die Physik der Zeit ist nach Tausenden von Jahren immer noch die gleiche: 24 Stunden. 365 Tage. Geändert haben sich die Aufgaben und die Ansprüche. Wir befinden uns als moderne Menschen in einem 24-Stunden-Rennen, in dem an verschiedenen Orten in immer kürzerer Zeit immer mehr Aufgaben zu erfüllen sind. Dieses Rennen ist kein Spiel. Es ist der pure Existenzkampf: Die Erwerbsarbeit verlangt acht Stunden plus Wegzeiten zur Arbeitsstätte. Die Freizeitwirtschaft, das Kommunikationsbedürfnis mit alten und neuen Medien, aber auch die Selbstoptimierung (Bildung, Körperstyling, Fitness) und Engagements in der demokratischen Bürgergesellschaft fordern Anteile des Zeitbudgets. Sofern vorhanden, wollen Familienmitglieder wahrgenommen, versorgt und betreut – ja geliebt – werden.

*

Im Jahre 2004 wurde ein Positionspapier mit dem Titel »Bevölkerungsorientierte Familienpolitik – ein Wachstumsfaktor« veröffentlicht. Das Bundesfamilienministerium, der Industrieverband BDI und das arbeitgebernahe Institut der Deutschen Wirtschaft legten gemeinsam neue Ziele für die Familienpolitik vor. Es ist verblüffend, wie punktgenau in den letzten zwei Dekaden umgesetzt wurde, was in diesem Papier steht. Es war der »Masterplan« für einen Paradigmenwechsel in der Familienpolitik: Die Familienzeit sollte massiv reduziert werden, weil in Deutschland Frauen »extrem lange für die Kinderbetreuung aus dem Arbeitsmarkt ausscheiden«.

Dieses Papier wird dominiert von der Sorge, es könnte zu einem Rückgang der Erwerbspersonen und zu einem Sinken der Wachstumsraten kommen. Deshalb müsse die Familienpolitik Anreize für eine rasche Rückkehr der Eltern, vor allem der Frauen, in die Erwerbsarbeit schaffen.

Konsequent wurde das »Erziehungsgeld« durch das neue »Elterngeld« ersetzt. Diese Zahlung ist ausdrücklich keine Anerkennung für familiäre Care-Arbeit, sondern Ausgleich für entgangenen Lohn. Wer vor der Geburt des Kindes nicht erwerbstätig war, wird nur mit einem mäßigen Grundbetrag bedacht. Ein hohes »letztes« Bruttogehalt bringt mehr Elterngeld. Schärfer hätte man nicht ausdrücken können, was Anerkennung verdient …

Durch diese Regelung hat sich der Staat beim Kampf um die 24 Stunden auf die Seite der Arbeitsmarktakteure geschlagen. Man spürt: Es geht nicht um Familie. Es geht um Wirtschaft. Es geht um das Wachstum der Wirtschaft.

*

Immer mehr Zeitdruck und immer tiefere Zeitnot führten lange Zeit erstaunlicherweise nicht zu Widerständen. Allerdings zeigen neuere Untersuchungen, dass sich nicht nur die aktuelle Generation der jungen Erwachsenen eine ausgeglichene »Work-Life-Balance« wünscht. In allen Bevölkerungsschichten wächst der Wunsch nach frei verfügbarer Zeit. Dennoch ist eine »alte« Einstellung wirksam: In der Arbeitsgesellschaft ist der Zeitwohlstand zwar eine Sehnsucht, er hat aber keinen guten Ruf. Wer tatsächlich Zeit hat, muss sich daher vor sich selbst rechtfertigen: Bin ich zu schwach? Bin ich faul? Ist meine Fähigkeit unwichtig? Wohl auch deshalb reden viele gern über ihren Dauerstress, Rentner über ihren »Un-Ruhestand«. Wer Stress hat, ist wichtig.

Und was heißt das für die Familie?

Ein Alltagsbeispiel: Die Stunde am Morgen zwischen Aufwachen und dem Verlassen der Wohnung Richtung Arbeitsplatz, Kita oder Schule ist die »gefährlichste Stunde des Tages«: Die Nerven sind dünn. Viele Kinder funktionieren dann nicht, trödeln, träumen, »stellen sich an«. Die Eltern werden laut. Zeitdruck und Zeitnot machen diese Stunde gefährlich.

Der Zeitdruck beweist den Erwachsenen immerhin eines: Wir funktionieren nach den allgemeinen Regeln der industriellen Moderne in der »richtigen« Weise – wir haben Stress, weil wir gebraucht werden. Menschen, die Zeit haben, weil die familiäre Care-Arbeit von einer Person sozusagen »hauptamtlich« ausgeübt wird, scheuen sich bislang oft, ihre Lage als positiv zu beschreiben. Es macht ein schlechtes Gewissen, sich dem Dienst am Bruttoinlandsprodukt zu entziehen. So fordert DIHK-Präsident Peter Adrian von Frauen mit Kindern, »einfach zwei Stunden länger zu arbeiten« und die Kinder länger in der Kita zu lassen. Nur so sei der Fachkräftemangel in Deutschland zu beheben. Dass diese Frauen (und immer öfter auch der eine oder andere Mann) in ihren Familien als »Fachkräfte für Care-Arbeit« gebraucht werden, kann sich der DIHK-Präsident nicht vorstellen.

*

Nicht nur dieser Verbandsvorsitzende fordert zur nächsten Runde beim Zeitdiebstahl gegen die Familien auf. Wer z. B. den Leitfaden »Kommunale Zeitpolitik« des Bundesfamilienministeriums (2014) liest, wird auch dort vor allem die Forderung nach Ausweitung der außerfamiliären Betreuung von Kindern finden. So sollen Kita-Öffnungszeiten entgrenzt werden: Vor allem Alleinerziehende stehen dem Arbeitsmarkt nur eingeschränkt zur Verfügung, weil sie keine Nacht- und Schichtarbeit annehmen können – zum Schaden des Wirtschaftswachstums. Nicht nur längere Öffnungszeiten an den Werktagen, auch Kitas mit Übernachtungsmöglichkeit und Kitas am Wochenende werden diskutiert. Dass die morgendlichen Aufwach- und die abendlichen Einschlafstunden der Kinder Zeiten besonderer Bindungsintensität sind, wird bei solchen Überlegungen konsequent missachtet. Kleinkindern ist es nicht egal, wer sie zu Bett bringt, wer sie bei nächtlichen Träumen beruhigt, wer sie am Morgen begrüßt.

Rechtfertigen solch »romantische« Überlegungen eine Schwächung des Bruttoinlandsproduktes (BIP)? Sind wir bereit, dem Götzen Wirtschaftswachstum bereitwillig einen wertvollen Teil unserer Kultur zu opfern, wenn wir den Zeitdruck und die Zeitnot in den Familien nicht nur nicht bekämpfen, sondern ständig weiter verstärken? Wie oft ist zu hören, dass »die Wirtschaft dem Menschen dienlich sein muss, nicht andersherum« …

*

Eines der Zauberworte der Vereinbarkeitstheorie (»Clevere Eltern können Familie und Karriere!«) und der damit verbundenen Forderung nach Expansion der institutionellen Betreuung lautet »Quality time«. Sobald alle Kinder in Ganztagskitas und Ganztagsschulen versorgt würden und alle Eltern ganztags in Erwerbsarbeit stünden, stelle sich am Feierabend in der

Familie eine unbeschwerte Situation ein – eben die ersehnte »Quality time«.

Eine schmerzliche Erfahrung ist aber, dass man »gute Zeiten« und »wichtige Augenblicke« nicht planen kann. Leider kommen die Dinge, wie sie kommen. Familie ist komplex. Probleme können selten aufgeschoben werden. Schulkonflikte, Pubertätskrisen, akute Infekte, Liebeskummer, aber auch nicht bewältigte Wäscheberge gefährden die »Quality time«. Deshalb muss Familienzeit in ausreichender und ungeplanter Menge zur Verfügung stehen. Wichtige zwischenmenschliche Probleme und wichtige positive Ereignisse können nicht warten. Sie müssen bearbeitet und gefeiert werden, wie sie fallen.

*

Die nächste Automatisierungs- und Digitalisierungswelle wird auch Einfluss auf die Verteilung der Zeit haben. Nicht nur viele einfache, sondern auch hoch qualifizierte Arbeiten wird man bald Robotern, Algorithmen und der KI anvertrauen können. Wenn diese »neuen Arbeitskräfte« – wie die bisherigen alten Belegschaften – entsprechend ihrer Wertschöpfung Beiträge zum Sozialsystem zahlen müssen, können wir als Gesellschaft eine Modernisierungsdividende in Zeit realisieren.

Wir sehen hier eine Chance, die Lage der Familien entscheidend zu verbessern. Ein Grundeinkommen für Care-Arbeit würde das Familienleben vor allem für Alleinerziehende wesentlich entspannen. Konkret: Familie muss ein bezahlter Teilzeitarbeitsplatz werden.

Erfreulich ist, dass die »Deutsche Gesellschaft für Zeitpolitik« in diese Richtung aktiv wird: Jedem Erwachsenen sollen als »Optionszeit« einige Jahre zustehen, in denen ein existenzsicherndes Einkommen garantiert wird, um sich z. B. der familiären Care-Arbeit in Erziehung oder Pflege zu widmen. Optionszeit mit einem sozialversicherungspflichtigen Grundeinkommen würde den schädlichen Zeitmangel in den Familien beheben und die heute drohende Altersarmut der Care-Arbeitenden verhindern.

»Der freiheitliche Staat lebt von Voraussetzungen, die er selbst nicht garantieren kann«, hat einst der Staatsrechtler Ernst-Wolfgang Böckenförde gesagt. In der Kindheit erworbene Bindungsstärke und Grundvertrauen durch gesicherte Alltagsverhältnisse sind genau solche Stabilisierungsmomente, die der freiheitliche Staat braucht. Funktionierende Familien erbringen diese Leistungen bisher kostenlos für alle.

*

Der derzeit wohl entschiedenste Postwachstumsökonom, Niko Paech, sieht die Halbierung der materiellen Wirtschaftsprozesse in Produktion und Konsum als wirksame Alternative zur fortgesetzten planetaren Auszehrung, die beschönigend »Wirtschaftswachstum« genannt wird. Die ökologisch notwendige Reduktion der herkömmlichen Erwerbsarbeit – ohne vollen Lohnausgleich und deshalb bei sinkendem Konsum – sei eine Chance für gutes Leben mit deutlich mehr Zeit für Eigentätigkeiten und für alles, was außer der Ökonomie noch zur menschlichen Existenz gehört (vgl. Niko Paech: »Befreiung vom Überfluss«, München 2012).

Wer das Konzept einer Reduzierung materieller Ansprüche als Lösung der planetarischen Krisen für realitätsfern hält, möge zur Kenntnis nehmen, dass dieses Konzept nicht von »Aussteigern«, sondern von »ganz normalen Menschen« mitten in unserer Industriegesellschaft alltäglich praktiziert wird: Wenn zwei Erwachsene je eine Teilzeitstelle haben, arbeitet jede/jeder in der Regel rund 25 Stunden im Modus Erwerbsarbeit und viele weitere Stunden familienorientiert. Das materielle Einkommen dieser Familien ist nicht annähernd so hoch wie das zweier Erwachsener in Vollzeiterwerbsarbeit. Der Gewinn an Familienzeit, die Reduzierung von Stress und auch die Verkleinerung des ökologischen Fußabdrucks sind hingegen erheblich.

Familien im Niedriglohnsektor und Alleinerziehenden ist dieses Modell freilich verwehrt. Ihnen ist über Transferleistungen die Teilzeiterwerbsarbeit zu ermöglichen.

*

Die Forderungen der herrschenden Wachstums- und Beschleunigungsökonomie bedrohen die Familien in ihren Kernfunktionen. Es mag für das BIP gut sein, wenn die Kinderbetreuung und die Altenpflege institutionalisiert werden, wenn alle Eltern in Erwerbsarbeit stehen und so mehr konsumieren können. Es ist auch gut fürs BIP, wenn drei Stunden am Tag (bzw. in der Nacht ...) ein Computerspiel läuft und wegen Zeitknappheit Fertigprodukte den Speiseplan beherrschen. Auch jede bezahlte Nachhilfestunde, leider auch jede Therapiestunde und jede Reha-Kur nach einem Burn-out sind positiv für das BIP. Das Hamsterrad ist gut fürs BIP, auch wenn die Lebensqualität leidet.

Das Vorlesen auf dem Sofa, das »Spazierenstehen« mit zweijährigen Entdeckern und Forscherinnen und das eigenständige Zubereiten der Nahrung schaden dem BIP. Es passt ins Bild, dass neuerdings Vätern und Müttern empfohlen wird, die bezahlte Elternzeit doch bitte für die berufliche Fortbildung zu nutzen: Der spätere, reibungslose Wiedereinstieg in den Beruf wird so wichtiger als das aktuelle Baby.

Wahre Familienpolitik muss endlich dem ökonomischen Wachstumswahn widerstehen und für die wichtige Bindungsarbeit in den Familien mehr Alltagszeit freistellen. Das käme auch den Kitas zugute: In echter Arbeitsteilung mit den Familien könnten sie ihren Qualitätsanspruch an gute Betreuung und frühkindliche Bildung wieder erfüllen. So sieht das auch Rainer Stadler in seinem Buch »Vater-Mutter-Staat« (München 2014):

> »Gestresste Kinder und unglückliche Eltern sind die Folge der massiven Betreuungspropaganda, die seit einigen Jahren

von Politikern jeder Couleur im Namen der Familie betrieben wird. Aber ist dem Wohl der Familie wirklich gedient, wenn sich deren Mitglieder kaum noch sehen?«

Im bewussten Widerspruch zum Mainstream fordern wir einen Rechtsanspruch auf sehr gute Teilzeitbetreuung und Teilzeitschulen statt der derzeit versprochenen und offensichtlich gar nicht einlösbaren Ganztagsbetreuung aller Kinder ab dem ersten Lebensjahr. Auf Stress für alle in Kita und Familie muss verzichtet werden! Der Ausstieg aus dem Hamsterrad muss Grundthema einer zeitorientierten Familienpolitik werden. Bindungssicherheit, Erlebnisvielfalt und Erlebnistiefe, aber auch Stabilität in der Persönlichkeitsentwicklung wären Gewinne für Kinder und Eltern, gleichzeitig auch für die demokratische Gesellschaft, die auf konstruktiv-gestaltungsoptimistische, bindungsstarke Bürgerinnen und Bürger angewiesen ist.

Stabile Demokratie durch konsequente Ökopolitik!

Wir verzichten gern auf schwache Politik und Ökodiktatur

Gute Regelsysteme sichern die Freiheit. Wer dem demokratischen Staat das Verbieten verbietet, provoziert entweder das Chaos oder den Verlust der Freiheit.

Man spricht nicht von einer »Mobilitätsdiktatur«, wenn von der Straßenverkehrsordnung die Rede ist. Man spricht auch nicht von »Steuerdiktatur«, wenn über eine Novellierung der Einkommensteuer debattiert wird, oder von »Bildungsdiktatur«, wenn es um Schulpflicht oder um Zugangsvoraussetzungen für bestimmte berufliche Karrieren geht. Warum kann man nicht wahlweise rechts oder links fahren? Warum kann man nicht nach Belieben seine Steuern selbst festsetzen oder das Abführen von Beiträgen für Gemeinwohlleistungen folgenlos einstellen? Warum ist es nicht möglich, ohne Studium und nur mit gesundem Menschenverstand Chefarzt oder Richterin zu werden? Willkür? Einschränkung von Freiheit? Niemand käme auf derart abstruse Gedanken.

Wenn es aber um Regeln geht, die das Klima, den Ressourcenverbrauch, die Menge an Emissionen, die Artenvielfalt oder den Schutz von Böden und Trinkwasser betreffen, wird schnell vor einer drohenden »Ökodiktatur« gewarnt. Warum bloß wird fast überall ein staatliches Regelsystem akzeptiert, nur nicht beim Umgang mit den natürlichen Lebensgrundlagen?

Das Phänomen scheint historische Ursachen zu haben. Zu lange waren Klima, Luft, Wasser, Boden und die Natur ganz allgemein »freie Güter« – ohne Preis dem Zugriff aller ausgesetzt. Freilich ist bereits diese Kategorisierung Ideologie: Der Zugriff war und ist vor allem denen möglich, die über Mittel verfügen, diese »freien« Güter zu nutzen. Keineswegs konnten alle produzieren, Handel treiben, neue Räume erschließen und sich diese dann aneignen. Nicht alle konnten ausreichend (oder auch über das Maß hinaus) konsumieren. Nur ein verhältnismäßig kleiner Teil der Gesellschaften nutzte die »freien Güter« und verwandelte sie in brauchbare Güter und privaten Geldgewinn. Die bei Produktion, Handel und Konsum unweigerlich eintretenden Schäden wurden dabei der Allgemeinheit aufgebürdet: Müll blieb lange Zeit einfach liegen, Flüssigkeiten wurden in die Gewässer geleitet oder versickerten im Boden. Gasförmige Abfälle wurden und werden auch heute noch der Atmosphäre »anvertraut« …

Solche Freiheiten bei der Nutzung »freier Güter« will man sich nicht gern nehmen lassen. Staatliche Regeln, die den freien Zugriff einschränken, mit einem »künstlichen« Preis versehen oder gar verbieten wollen, will man um alles in der Welt abwehren. Begriffe, Worte, Narrative sind mächtige Mittel im täglichen Streit der Meinungen, im ständigen Vorbereiten von Entscheidungen bzw. in der täglichen Abwehr derselben. Die »Warnung vor der Ökodiktatur« ist eine beliebte und sehr wirksame Waffe im Meinungskampf.

Wenn es um die natürlichen Lebensgrundlagen geht, soll nach Ansicht vieler alles auf Freiwilligkeit beruhen. Natürlich werden auch »Anreize« akzeptiert. »Umwelt schonen muss sich lohnen« war ein Slogan, den selbst engagierte Leute in den 1980er- und 90er-Jahren gern benutzt haben. Verschwiegen wurde und wird gern die Tatsache, dass es Pflichten gibt, die erfüllt werden müssen, selbst wenn es sich nicht lohnt, sondern nur kostet.

Kein Mensch käme auf die Idee, allein mit Appellen an den guten Willen zum freiwilligen Steuerzahlen aufzufordern oder mit finanziellen Anreizen Geisterfahrer auf die richtige Spur zu locken. Wenn das Grundwasser durch Düngung und Pestizide belastet wird, rufen viele nach Anreizen für die Verursacher, dieses Tun einzuschränken oder ganz zu unterlassen. Die Forderung nach strikten Regeln gilt als ungehörig, landwirtschaftsfeindlich, diktatorisch. Ganz ähnlich laufen die Debatten um den hohen und eindeutig problematischen Fleischkonsum ab. Ganz zu schweigen von der kaum noch nachzuvollziehenden Diskussion um ein Tempolimit auf den Autobahnen. Schnell heißt es, dass der »Verbotsstaat seine hässliche Fratze« zeige.

*

Zur Diktatur wird ein Staat vor allem durch Veränderungen der Verfassung, die auf die Missachtung der Menschenrechte und auf die Abschaffung der horizontalen – Legislative, Exekutive, Judikative – und der vertikalen Gewaltenteilung – Selbstverwaltung der Gemeinden, Föderalismus der Länder, Abkehr vom Subsidiaritätsprinzip – gerichtet sind. Wichtig sind auch die Methoden, mit denen der Staat handelt. Verordnungen und Gesetzgebung durch »Führer«-, Partei- oder Cliquenbeschlüsse ohne parlamentarische Mitwirkung und ohne Kontrolle durch Verfassungsgerichte und freie Medien zeichnen diktatorische Systeme aus. Dies zu beachten ist enorm wichtig: Es ist einfach sachlich nicht richtig, alle staatlichen Verordnungen, Gesetze, Maßnahmen, die auf demokratische Weise zustande kommen, für »diktatorisch« zu erklären, nur weil man meint, dass die eigene Freiheit dadurch eingeschränkt wird.

Eine »Ökodiktatur« wäre also ein Staat, der unter Missachtung der Menschenrechte aufgrund von Einzel- oder Cliquenherrschaft sowie unter Ausschaltung aller Kontroll- und Korrekturmöglichkeiten Maßnahmen zum Schutz und Erhalt der Lebensgrundlagen ergreift. Es muss Anliegen aller Menschen mit ökologisch-sozialer Werthaltung sein, es niemals so weit kommen zu lassen und Widerstand zu leisten, wenn sich derartige Tendenzen zeigen sollten.

Man muss sich aber auch wehren, wenn harte Maßnahmen zum Schutz der Lebensgrundlagen prinzipiell als »ökodiktatorisch« verleumdet werden, obwohl sie unter Achtung der allgemeinen Menschenrechte, auf demokratisch-parlamentarischem oder auf verfassungsgemäß- direktdemokratischem Weg zustande gekommen sind. Es ist – wie der Soziologe Philipp Lepenies (»Verbote und Verzicht«, Berlin 2022) dargestellt hat – eine von neoliberaler Seite seit vielen Jahrzehnten gepflegte Ideologie, dem Staat jegliches Recht auf Verbote und Verzichtsforderungen abzusprechen. Liberalistische Vordenker wie Friedrich Hayek, Milton Friedman oder auch die in den USA hoch geschätzte Autorin Ayn Rand und viele andere radikalliberale Protagonisten stellten und stellen die Dinge so dar, als sei jegliche staatliche Maßnahme ordnungspolitischer Art eine Verletzung der Freiheitsrechte eines jeden Menschen. Die Warnung vor der »Ökodiktatur« gehört als beliebte Propagandaaussage zum Kernbestand neoliberaler, staatsfeindlicher und extrem-individualistischer Ideologie: Man strebt eine »Politik des Unterlassens« an, wie Lepenies präzise feststellt. Eine dieserart gestaltete Politik birgt aber für unsere Kinder und Enkel nicht nur eine Welt voll unangenehmer Einschränkungen, sondern mit großer Wahrscheinlichkeit auch eine, die von Verhältnissen existenzieller Gefährdung und womöglich furchtbarer Auseinandersetzungen zwischen sozialen Gruppen und Staaten geprägt sein wird.

Auf jeden Fall würde so den Nachkommen genau das verweigert, was die Gegner der Ordnungspolitik angeblich verteidigen: die Freiheit (vgl. Urteil des Bundesverfassungsgerichts zum Klimaschutzgesetz 2021). In einer überhitzten Welt mit Wasserknappheit und Dürre, ohne Artenvielfalt und natürliche Schönheit leidet die Qualität des Lebens, und es dürfte sehr schwierig werden, eigene Ideen umzusetzen und nach eigenem Entwurf zu leben.

*

Diktaturen folgen oft auf schwache Demokratien, die sich als fehlerhaft und unwirksam bei der Lösung anstehender Probleme gezeigt haben. Wer also Probleme wuchern lässt, ohne sie wirksam zu lösen oder partiell abzumildern, fördert die Sehnsucht nach autoritären oder diktatorischen Systemveränderungen.

Wer will schon eine Diktatur: Verhaftung und Straflager bei Kritik an der Regierung, Angst vor möglicher Bespitzelung auch im engsten Privatbereich, Gleichschaltung aller Medien, Einschränkung der richterlichen Unabhängigkeit, Verbot von Oppositionsparteien und Ausschluss nicht konformer Kandidaten oder Kandidatinnen von Wahlen? Eigentlich möchte das niemand. Und doch zeigen empirische Untersuchungen, dass die Zustimmung zur demokratischen Staatsform bei uns kontinuierlich abnimmt, obwohl in ihr – anders als in autoritär oder gar diktatorisch geführten Staaten – die geschilderten Zustände nicht denkbar sind. Es gibt zur Frage des Verhältnisses der Deutschen zur Demokratie unterschiedliche Zahlen. Auch die regionale Verteilung der Zustimmungs- bzw. Ablehnungswerte ist zu beachten. Alarmierend bleibt dennoch der messbare Trend: Unsere gewohnte Art, Politik zu machen, verliert mehr und mehr ihre Fans. Autoritäre Angebote in Nachbarstaaten werden angenommen. Auch in Deutschland gibt es Sympathiekundgebungen für auswärtige autoritäre und diktatorische Machthaber. Parteien des rechtsautoritären Spektrums werden auch in Deutschland gewählt und sitzen in den Parlamenten. Verlage und Medien mit einem Hang zum Autoritären gewinnen Marktanteile. Deshalb gilt für Demokratinnen und Demokraten: aufpassen und handeln.

Die mittlerweile unvermeidliche Umformung unserer ökonomischen und sozialen Verhältnisse unter den Vorzeichen der Nachhaltigkeit und der Vorsorge für die Lebenschancen von Kindern, Enkeln und Urenkeln kann – bei fehlerhaftem Management – die Abwendung von Demokratie und offener Gesellschaft noch verschärfen: Ohne engagierte Gerechtigkeitspolitik kann eine solche Transformation der Lebensbedingungen (Energiewende, Reduzierung des Überkonsums, Bepreisung ehemals »freier Güter« etc.) massive Ängste auslösen. Der Auftritt der sogenannten Gelbwesten-Bewegung in Frankreich hat dort die verantwortlichen Politiker aufgeschreckt und Transformationsversuche für mehr Klimaschutz gestoppt. Sie waren eine Warnung vor sozial unsensibler Ordnungspolitik. Dieses Beispiel darf aber nicht dazu führen, dass gar keine ökologisch motivierte Ordnungspolitik mehr möglich ist.

Auf der anderen Seite zeigen sich immer mehr Aktivistinnen und Aktivisten der Klimaschutzbewegung enttäuscht von den parlamentarisch-demokratischen Möglichkeiten. Auch ihre Aktionen stellen oft eine massive Anfrage an unsere herkömmlichen politisch-demokratischen Verfahren dar. Der Vorwurf ist auch von dieser Seite her vernehmbar: Die Demokratie ist zu schwach, Probleme rechtzeitig zu lösen.

Problemlösende Demokratien können nicht auf das Mittel der Ordnungspolitik verzichten. Freilich sind auch die milderen Mittel der informativen Aufklärung, des Appells zur Freiwilligkeit, des behutsamen Drängens (»Nugging«) und der lockenden Anreize durch Steuer- und Abgabenpolitik wirksame Mittel. Der große Vorteil der Ordnungspolitik ist aber ihre Gerechtigkeit: Eine Preiserhöhung bei Treibstoffen durch höhere Steuern kann die begüterte Schicht nicht vom hohen Tempo mit schweren Fahrzeugen abhalten, während die wirtschaftlich schlechter gestellte Bevölkerung hart getroffen wird. Ein ordnungspolitisch durchgesetztes Tempolimit z. B. trifft hingegen in gerechter Weise alle, ebenso wie eine Begrenzung des Gewichts, der Leistung und des Energieverbrauchs von sogenannten Dienstwagen-Pkws.

Beide Maßnahmen – Tempolimit und Steuererhöhung – haben nichts mit »Ökodiktatur« zu tun, sofern sie unter den oben geschilderten verfassungsgemäßen Bedingungen zustande kommen. Wenn sie zudem unter dem Sozialstaatsgebot des Grundgesetzes (Artikel 20) gerecht abgefedert werden, stärken solche Maßnahmen die Demokratie. Ausgleichsmaßnahmen nach dem Gießkannenprinzip, die allen »helfen«, vor allem auch denen, die keine Hilfe brauchen, gefährden hingegen den Konsens in der Gesellschaft.

*

Ordnungspolitische Maßnahmen sollten unter dem Demokratieaspekt mit höchster Transparenz vorbereitet werden. Das andernorts und auch in Deutschland auf kommunaler Ebene schon vielfach bewährte Mittel des »Bürgergutachtens« sollte auch auf Landes- und Bundesebene die bestehenden repräsentativen und direktdemokratischen Verfahren ergänzen. Dabei werden zufällig ausgewählte Personen in einem Beratungsprozess mit Fachleuten damit beauftragt, für das Parlament als Entscheidungsgremium ein Gutachten zu einer klar umrissenen Problemlage zu erstellen.

Wenn wir heute angesichts sich verschärfender Gefährdungen der Lebensgrundlagen auf ordnungspolitische Maßnahmen verzichten, kann es sein, dass sich die Verhältnisse in wenigen Jahren zu extremen Bedrohungslagen zuspitzen. Es dürfte uns nicht wundern, wenn dann von Staatsversagen geredet und nach durchgreifenden »starken« Männern und Frauen gerufen werden wird. Wer heute demokratisch entstandene ordnungspolitische Maßnahmen akzeptiert, handelt problemlösend und beugt dem Entstehen einer abstoßenden »Ökodiktatur« vor.

Vor uns steht die Aufgabe, den hochgefährlichen Wachstums- und Konsumzwang abzuschütteln, der nach Ansicht des Bundesverfassungsgerichts mittlerweile freiheitsgefährdende Aspekte aufweist. Diese Aufgabe stellt gleichzeitig eine Bewährungsprobe für die demokratische, rechtsstaatlich und sozialstaatlich geprägte Staatsform dar.

Der von libertärer Seite stets geforderte Verzicht auf Ordnungspolitik macht die Lösung dieser Aufgabe aber unmöglich.

Sauberes Wasser für alle!

Wir verzichten gern auf Verschwendung und Vergiftung unseres kostbarsten »Rohstoffs«

Es fließt in Strömen, Flüssen und Bächen. Es steht in Seen, Teichen, Tümpeln und Pfützen. Es wird durch Gräben, Rohre und Leitungen ab- und zugeleitet. Man holt es aus tiefsten Tiefen, füllt es ab in Flaschen und Fässer, kocht, braut und wäscht mit ihm, nutzt es für industrielle Prozesse vielfältigster Art, vermischt es mit allem Möglichen und nutzt es gar zum Beseitigen von Fäkalien und anderen »Resten«. Ohne Wasser funktioniert unser Leben nicht. Eigentlich eine Plattitüde ...

Wasser in seiner flüssigen Form war zwingende Voraussetzung für das Entstehen von Leben und macht damit den Unterschied zwischen der Erde und allen anderen von uns Menschen bis dato erforschten Himmelskörpern aus.

Wasser ist zweifelsfrei die wichtigste Ressource der Erde. Ohne Wasserzufuhr können wir Menschen nur kurze Zeit überleben. Es ist notwendig für den Transport von Nährstoffen und Sauerstoff im Körper, für den Abtransport von Abfallstoffen und für die Regulierung der Körpertemperatur. Ohne ausreichende Wasserversorgung kann der Körper austrocknen, und seine Funktionen sind beeinträchtigt. Wasser ist nicht nur lebensnotwendig für alle Organismen, sondern auch die bestimmende Größe für ausnahmslos alle Ökosysteme. Seine Verfügbarkeit ist deshalb auch der entscheidende Faktor für die Entwicklung von Kulturen und Nationen sowie deren Wirtschaftsformen.

Wasser spielt eine entscheidende Rolle bei der Nahrungsmittelproduktion. Pflanzen benötigen während der Vegetationsperiode eine kontinuierliche Versorgung mit Wasser, um zu wachsen und Nährstoffe anzureichern. Ohne ausreichend Wasser sinkt die Produktion von Nahrungsmitteln, was zu Knappheit und höheren Preisen von Lebensmitteln und damit zu sozialem Ungleichgewicht führen kann. In ariden, also sehr trockenen Regionen hängt die Landwirtschaft fast vollständig von der künstlichen Bewässerung ab.

Nicht zuletzt ist Wasser ein wichtiger Faktor bei der Gestaltung von Lebensräumen und Städten. Wasserquellen wie Flüsse, Seen und Grundwasser beeinflussten schon in der Frühzeit die Wahl von Siedlungsplätzen. Auch heute hat sich daran nichts geändert. Wasserflächen tragen zur Lebensqualität von Regionen bei, weil sie einerseits eine ausgleichende Funktion in Sachen Klima haben, andererseits der Erholung und sportlichen Aktivitäten dienen und für jegliche wirtschaftliche Tätigkeit Voraussetzung sind.

*

Viele Regionen Mitteleuropas sind aufgrund ihrer geografischen Lage relativ wasserreich. Ozeanisch geprägtes Klima und die Staulagen am Alpenrand führen z. B. in Süddeutschland zu vergleichsweise hohen Niederschlägen im Sommerhalbjahr. Die Voralpenseen sowie die tertiären und quartären Kiesablagerungen beherbergen mächtige Wasserspeicher. Ebenso bedeutend als Wasserspeicher waren einst die Moore. Vor Beginn der landwirtschaftlichen Nutzung und anderer menschlicher Eingriffe bedeckten sie etwa rund 16 Prozent der Landesfläche Bayerns. Moore, Filze und Moose sind heute noch namensgebend für viele Landstriche. Flüsse führen aus den Alpen kühles und sauerstoffreiches Wasser in die Täler und weisen ein großes Selbstreinigungspotenzial auf. Ihr starkes Gefälle macht sie gut nutzbar für die Wasserkraft.

Diese einstmals permanente Verfügbarkeit von Wasser trug einerseits wesentlich zum Wohlstand bei, führte andererseits jedoch zu einem sorglosen und wenig wertschätzenden Umgang mit dem Element. So reden wir heute umgangssprachlich aber auch in Gesetzestexten vom »Hochwasserschutz«, von »Abwasserentsorgung« und »Niederschlagswasserbeseitigung«. Wasser ist also in vielen Fällen auch negativ besetzt. Die erwähnten Formulierungen erwecken gar den Eindruck, Wasser sei vor allem etwas, wovor wir uns zu schützen haben, etwas, das wir loswerden müssen.

Weite Teile Europas sind aus dieser Perspektive heraus umgestaltet worden. Moore wurden fast vollständig entwässert, Felder und Wiesen drainiert, Flüsse begradigt und eingedeicht. Immer wurde und wird noch davon ausgegangen, dass wir eher zu viel als zu wenig Wasser haben.

Am deutlichsten wird unser Verhältnis zum Wasser an unserem Umgang mit Niederschlagswasser. In den urbanen Räumen sammelt es sich auf den versiegelten Flächen und wird meist über die Kanalisation abgeleitet und dort mit häuslichem Abwasser vermischt. Es muss dann oft nur wenige Kilometer weiter in den Kläranlagen unter hohem Energieeinsatz aufwendig gereinigt werden. Bei Starkregenereignissen gelangt dieses System freilich an seine Grenzen. Dann wird das ungeklärte Mischwasser direkt in die Flüsse eingeleitet. In München etwa darf die Stadtentwässerung bis zu 240 m^3 pro Sekunde davon in die Isar einleiten. Immer wieder kommt es zu Situationen, in denen der Fluss weniger Frischwasser aus den Alpen heranführt, als die Stadt Abwasser einleitet. Diese Einleitungen belasten das Ökosystem. Flussabwärts wird so die Hochwassergefahr verschärft, während weiter oben das Wasser für die Grundwasserneubildung fehlt.

*

In den von der Wachstumsideologie geprägten, »prosperierenden« Regionen Europas und der ganzen Welt fordern Produzenten und Konsumenten eine gleichzeitige und kontinuierliche Deckung ihres Wasserbedarfs: die Privathaushalte, die Industrie für Prozesse, Kühlung und Transporte, die Kraftwerke zur Kühlung und für den optimalen Lauf der Turbinen, die Landwirtschaft für die Bewässerung. Der mittlerweile heftig wirkende Klimawandel bringt allerdings massive Veränderungen von Niederschlagsmustern und Temperaturen mit sich. In den letzten Jahren haben sich die Sommer überall deutlich erwärmt, und es kommt vermehrt zu längeren Trockenperioden mit zum Teil verheerenden Schäden an Landwirtschaft und verschiedensten Ökosystemen. Gemäß dem neuesten Waldzustandsbericht ist in Deutschland nur noch rund jeder fünfte Baum gesund und weist keine Kronenverlichtung auf. Eine Erholung der Wälder von den Dürresommern der letzten Jahre findet offensichtlich nicht mehr statt. Auch die Grundwasserreserven können sich nicht mehr ausreichend regenerieren, da der trockene Boden zu hart wird und das Wasser nicht mehr in genügend großer Menge in den Boden einsickern kann. Einen wesentlichen Anteil an der Bodenverdichtung hat auch der Einsatz von immer schwereren und leistungsfähigeren Maschinen in der Land- und Forstwirtschaft.

*

Amphibien und Fische sind die am stärksten bedrohten Wirbeltiere. Durch die großflächige Zerstörung von Feuchtgebieten und Gewässern sind ihre Populationen heute fragmentiert. Die Bestände haben nur noch einen Bruchteil ihrer ursprünglichen Größe. Die Austrocknung von Bächen, Feuchtgebieten und Tümpeln in Hitzeperioden, aber auch der Ausbau von Verkehrswegen führen schnell zum Verschwinden letzter Vorkommen.

So wichtig die entschiedene und rasche Transformation unserer Energieversorgung (Versorgung mit 100 Prozent erneuerbarer Energie und deutliche Reduzierung der benötigten Mengen) auch ist, so wenig dürfen das dramatische Artensterben, der Verlust der Artenvielfalt und das Wegbrechen von Lebensräumen verdrängt werden. In der bekannten Beschreibung der ökologischen Belastungsgrenzen (Rockström et al.: »Planetary boundaries«, Stockholm 2009) wird nicht nur das Artensterben als Hauptproblem noch vor der Klimakrise genannt, laut dieser Studie hat auch der Süßwasserverbrauch bereits ein kritisches Stadium erreicht.

Es droht ein nicht hinzunehmender Verlust an ökologischer Stabilität, wenn den auf ausreichend Wasser besonders angewiesenen Lebensformen in Bächen, Flüssen, Seen, Tümpeln und Mooren nicht sofort und wirksam Lebensräume zurückgegeben bzw. noch vorhandene Lebensräume erhalten werden. Einen Beitrag dazu hat das von uns initiierte Volksbegehren für den Artenschutz in Bayern geleistet: Es müssen jetzt die Uferrandstreifen von Pestiziden und Düngung verschont werden, sodass der Eintrag von schädlichen Stoffen in die aquatischen Lebensräume deutlich reduziert wird.

Wir brauchen allerdings weit umfangreichere und wirksamere Programme mit dieser Zielsetzung. Da z. B. der Beitrag von Kleinstanlagen zur Energiegewinnung aus der Wasserkraft minimal ist, sollte den Eigentümern solcher Altrechte zum Betrieb von kleinen Laufkraftwerken mittels einer öffentlich-rechtlichen Stiftung ein großzügiges Angebot zur Umgestaltung oder Aufgabe solcher Anlagen gemacht werden. Frei fließende Bäche ohne Querbauten und Ableitungen sind wertvolle Lebensräume. Der Gewinn im Artenschutz würde den Verlust an Stromerzeugung mehrfach aufwiegen. Modellprojekte haben nachgewiesen, dass durch die Modernisierung eines einzigen bestehenden großen Laufkraftwerks mehr Strom erzeugt werden kann als durch den Weiterbetrieb von vielen Kleinstanlagen.

*

Das Wasser, das wir oftmals fürchten und so schnell wie möglich ins Meer leiten wollen, das oft gedankenlos verschwendet und verschmutzt wird, erfahren wir mehr und mehr als »Mangelware«. Wir brauchen deshalb einen Paradigmenwechsel. Jeder Tropfen ist wertvoll! Man muss mit dem Wasser sorgsam umgehen, muss es als Lebensraum und Lebensmittel erkennen, muss es reinhalten, für trockene Zeiten aufbewahren, darf es nicht zum zerstörerischen Hochwasser werden lassen, sondern muss es am richtigen Ort zurückhalten und sammeln.

*

Wasserverbrauch in der heutigen Dimension werden wir uns bald nicht mehr leisten können, er muss auf ein sinnvolles, knappes Maß reduziert werden. Dabei kann Wasser streng genommen gar nicht »verbraucht« werden. Wir verändern es chemisch und physikalisch so sehr, dass es z. B. als Trinkwasser für uns oder als Lebensraum für viele Organismen nicht mehr brauchbar, also doch »verbraucht« ist. Wasserverbrauch im weiteren Sinne ist es auch, wenn einer Landschaft Wasser über Brunnen, Entwässerungsgräben oder Kanäle entzogen wird.

Wir sind der Meinung, dass Wasser nur noch der Landschaft entnommen werden darf, wenn wir es unbedingt für gerechtfertigte Zwecke brauchen. Den umgekehrten Fall, dass Wasser entnommen, gesammelt oder kanalisiert wird, um es abzuleiten, weil wir es nicht brauchen, darf und kann es nicht mehr geben. Wir brauchen jeden Tropfen! Wasser muss daher den Status eines »öffentlichen« Gutes erhalten. Es darf aber nicht länger als eines der sogenannten »freien Güter« ohne echten und angemessenen Preis verschwendet werden. Die Entnahme von Grund- und Oberflächenwasser für kommerzielle Zwecke braucht daher einen neuen rechtlichen Rahmen, der alle Akteure zu entschiedener Reduzierung der Mengen nicht nur anregt, sondern letztlich wirksam zwingt.

Wir sollten Stück für Stück, überall dort, wo keine unmittelbare Bedrohung für die Bevölkerung durch Hochwasser besteht, den ursprünglichen Wasserhaushalt wiederherstellen. Drainagen und Entwässerungsgräben müssen rückgebaut, Hochwasserdeiche und Uferbefestigungen an Flüssen entfernt und Moore renaturiert werden. Niederschlagswasser muss genutzt werden oder versickern können. Aus einem Land, das gestaltet wurde, um Wasser loszuwerden, muss wieder ein »Wasserspeicherland« werden. Erfreulicherweise entsteht jetzt allmählich eine wichtige Debatte über die wasserfreundliche Umgestaltung der Städte und Dörfer. Der Begriff der »Schwammstadt« sagt alles: Ja, wir müssen Quadratmeter für Quadratmeter entsiegeln und so umgestalten, dass Wasser aufgenommen statt schnell abgeleitet werden kann.

*

Wasser wird auch künftig eine unerlässliche Rolle für unsere Gesellschaft spielen. Wir werden uns aber zunehmend fragen müssen, ob der Einsatz von Wasser für alle bisherigen Zwecke und an allen bisher üblichen Orten überhaupt notwendig und damit gerechtfertigt ist. Ist es wirklich sinnvoll, Wasser für den Transport von Schmutzstoffen oder Exkrementen zu nutzen, nur um es wenige Kilometer weiter wieder zu reinigen?

Auf jeden Fall muss benötigtes Wasser effizient eingesetzt werden. Länder wie Israel sind für uns die Referenz im Hinblick auf den sparsamen Umgang mit der Ressource zum Beispiel in der Landwirtschaft. Eine sensorgesteuerte nächtliche Tröpfchenbewässerung benötigt nur einen Bruchteil an Wasser.

Schließlich stellt sich die Frage, ob für jeden Zweck Wasser höchster Qualität eingesetzt werden muss. Der Einsatz von Regenwasser oder Grauwasser, das aus Badewannen, Duschen oder Waschbecken stammt und keine Fäkalien enthält, kann dazu beitragen, den Verbrauch von Trinkwasser zu reduzieren und somit die Wasserversorgung aufrechtzuerhalten. Regenrückhaltebecken können den Bedarf an Grundwasser zur Bewässerung von Pflanzen und Rasenflächen reduzieren. Auch aufbereitetes Grauwasser kann zur Bewässerung genutzt werden.

Dezentrale Wasseraufbereitungssysteme können Betriebswasser aus der Industrie für die Wiederverwendung oder für andere Zwecke nutzbar machen. In vielen Fällen kann Wasser samt Hilfsstoffen so im Kreislauf eines Unternehmens gehalten werden.

Von einigen Nutzungsformen werden wir uns aber zwangsläufig aufgrund von Klimawandel und Klimaschutz verabschieden müssen bzw. können: In den Skigebieten etwa muss der Kunstschnee verschwinden, und mit der Schließung von Kohle- und Gaskraftwerken wird der Bedarf an Kühlwasser zurückgehen.

*

Wichtiger noch als einzelne Maßnahmen und Programme zum Schutz des Wassers ist ein Bewusstseinswandel hin zu einem wertschätzenden Umgang mit der lebensnotwendigen Ressource für Mensch und Natur. Einen größeren Gewinn als die Sicherung dieser Lebensquelle für uns, für alle unsere Mitlebewesen und für alle nach uns Kommenden kann man sich kaum vorstellen. Wichtig ist z. B. ein strenges staatliches Schutzregime in Sachen Wasser, wenn es um Emissionen aus industriellen Anlagen geht. Aber auch die Reduzierung des Viehbestandes in der Landwirtschaft und damit die verminderte Ausbringung von grundwasserschädlichen Düngermengen wäre endlich nötig.

Wir alle gewinnen, wenn wir den wertschätzenden Umgang mit Wasser neu lernen und die Verschwendung, die Entwertung oder gar die Vergiftung von Wasser in allen Erscheinungsformen ächten und wirksam mithilfe verbindlicher gesetzlicher Regelung verhindern.

Lebensfreundliche Städte und Regionen!

Wir verzichten gern auf Megaurbanisierung, soziale Spaltung und Flächenversiegelung

Das endlose Wachstum der Metropolen ist kein Naturgesetz. Es gibt Möglichkeiten, die Forderung des Grundgesetzes nach gleichwertigen Lebensbedingungen im ganzen Land herbeizuführen. »Stadt und Natur« ist kein unversöhnlicher Gegensatz, ebenso wenig wie »ländliche Region und florierende Wirtschaft«.

Eines der kürzesten und einfachsten Märchen der Gebrüder Grimm schildert die Folgen, wenn eine zunächst feine Sache kein (gutes) Ende nimmt: Ein bitterarmes Kind erhält einen Topf geschenkt, der auf Befehl süßen Hirsebrei kocht. Hunger und Elend haben erfreulicherweise ein Ende. Wenn man satt ist, sagt man einfach: »Töpfchen, steh!« Hat man wieder Bedarf, sagt man: »Töpfchen, koch!«

Leider gerät der Topf in unkundige Hände und kocht endlos süßen Brei, bis fast die ganze Stadt im Überfluss erstickt.

Märchen helfen bei der Analyse von Problemen; die Lösungen liefern sie leider nicht. Dass die stetige Fortsetzung der Wachstumsprozesse nicht mehr als Lösung gelten kann, zeigt sich kaum irgendwo so deutlich wie beim Blick auf die Metropolen. Brauchen wir vielleicht doch das Mädchen aus dem Märchen, das einfach sagt: »Töpfchen, steh!«?

*

Gegründet wurden Städte meist an strategisch günstigen Standorten, etwa Flussübergängen oder Kreuzungen wichtiger Handelsrouten. Sie entwickelten sich daher zu den entscheidenden Zentren für den Austausch von Waren, Dienstleistungen und Informationen. Die höhere Bevölkerungsdichte versprach bessere Absatzmöglichkeiten für Produkte und bot vielfältige Verdienstmöglichkeiten. Infrastrukturkosten für Verkehr, Verwaltung und Trinkwasserversorgung verteilten sich auf eine größere Anzahl von Menschen und waren daher günstiger. Mancherorts kam es zu Stadtgründungen, um politische Macht zu konsolidieren oder zu sichern. Diese Standorte wurden oft als Hauptstädte oder Zentralorte für Verwaltung, Rechtsprechung und andere Regierungsfunktionen genutzt.

Technologien und Angebote wie Telekommunikationsdienstleistungen, öffentlicher Nahverkehr oder Ladeinfrastruktur für Elektroautos etablieren sich auch heute noch zuerst in Ballungsräumen. Die bessere Infrastruktur erleichtert den Transport von Menschen und Gütern und das Angebot von Dienstleistungen. Dadurch werden Städte für Investoren und Unternehmen attraktiver, was wiederum Arbeitsplätze schafft und eine bessere Bezahlung der dort Tätigen ermöglicht. Das Wachstum der Städte ist daher auch Ausdruck ihrer Wettbewerbsfähigkeit und wirtschaftlichen Überlegenheit gegenüber ländlichen Regionen.

Weiteres Wachstum bringt die hohe Konzentration von Einrichtungen wie Berufsschulen, Universitäten oder Krankenhäusern. Junge Menschen gehen häufig zum Studium oder zur beruflichen Aus- und Weiterbildung in die Stadt, um sich anschließend dann auch dort niederzulassen.

Neben den rein wirtschaftlichen und infrastrukturellen Faktoren, die den Alltag deutlich erleichtern können, bieten Städte einzigartige und vielfältige Möglichkeiten, die das Leben und das Miteinander bereichern. Das kulturelle Angebot ist reichhaltig. Es treffen Leute aus unterschiedlichen Ländern,

Kulturen und Traditionen aufeinander. Diese Interaktion von Menschen verschiedener Herkunft in großen Städten war und ist ein wesentlicher Treiber des Fortschritts. Die gesellschaftliche Vielfalt macht es Angehörigen von Minderheiten leichter, Gleichgesinnte und Unterstützung zu finden sowie ihre Identität und Kultur auszuleben. Oft bietet die Stadt Schutz vor Diskriminierung und schafft durch die hohe Bevölkerungszahl bessere Chancen, sich zu vernetzen, gemeinsame Interessen zu teilen oder potenzielle Lebenspartner zu treffen. Millionen junger Menschen zieht es deshalb nicht nur an Wochenenden in die Städte, um bei Veranstaltungen, in Klubs und Bars Gleichgesinnte zu treffen.

*

So attraktiv Städte für die einzelnen Bewohner zunächst sind (»Töpfchen, koch!«), so problematisch ist gleichzeitig der Trend zur Urbanisierung. Große Herausforderungen sind dabei die Umweltverschmutzung und der Verlust von Natur. Durch die hohe Konzentration von Menschen, Industrie und Verkehr nehmen Luft- und Wasserqualität ab. Der für die psychische und physische Gesundheit unerlässliche Aufenthalt in kühlenden Grünanlagen wird zum Luxusgut, das in der verdichteten Großstadt nicht mehr allen Menschen geboten werden kann. Der wachsende Versiegelungsgrad lässt das Erlebnis von Natur vermissen. In reduzierten oder durchschnittenen städtischen Grünflächen (Parks, Friedhöfen, Gärten, Baulücken etc.) schwindet die dort bisher vorgefundene große Artenvielfalt. Die Durchschnittstemperaturen steigen. Hinzu kommen Lärm- und Lichtverschmutzung, was zu Schlafstörungen und gesundheitlichen Belastungen bei den Bewohnern führt.

Zum sozialen Großproblem in vielen städtischen Gebieten ist mittlerweile die Wohnungsnot erwachsen. Durch die hohe Nachfrage nach Wohnraum sind die Mieten gestiegen, sodass sich viele Menschen keinen angemessenen Wohnraum mehr leisten können und in prekären Wohnverhältnissen leben müssen. Singlehaushalte stellen inzwischen mehr als die Hälfte aller städtischen Haushalte. Der damit einhergehende rasante Anstieg der Wohnfläche pro Kopf verschärft den Druck auf den Wohnungsmarkt zusätzlich.

Mit der Urbanisierung geht die Konzentration von Macht und Geld einher, die wiederum die soziale Ungleichheit verschärft. Zu Beginn des Wachstumszyklus einer Metropole wächst zunächst der Unterschied zwischen der reichen Stadt und der armen ländlichen Region, was der Verstädterung nochmals einen Schub verleiht. In der nächsten Phase werden die Lebenshaltungskosten in der Metropole so hoch, dass die Kluft zwischen Arm und Reich innerhalb der Stadtbevölkerung zunimmt. Ein Teil der Gesellschaft wird abgehängt und in ärmere Viertel verdrängt. Dort sind die Bildungschancen, der Zugang zur Gesundheitsversorgung und zu anderen wichtigen Dienstleistungen schlechter. Da in diesen Stadtteilen in aller Regel verdichteter gebaut wird, verschwindet dort auch mehr und mehr die Möglichkeit, Natur zu erleben. Soziale Probleme und Kriminalität nehmen zu, während die Lebensqualität sinkt.

Wie in einem Brennglas machen moderne Hochhäuser die Phänomene der Urbanisierung sichtbar. Hinter den Glasfassaden konzentriert sich auf engstem Raum die wirtschaftliche Elite meist gut ausgebildeter junger Menschen mit verschiedensten kulturellen Hintergründen. Die Türme stehen wie im Mittelalter als Symbole für Macht und Reichtum. Wie überdimensionierte Visitenkarten global agierender Unternehmen prägen sie die Skylines der Metropolen. Nur wenige Kilometer weiter an den Stadträndern stehen meist gesichtslose Hochhäuser – die Wohnsilos derjenigen, die vom Reichtum weniger abbekommen haben. Hier sind die Hochhäuser ein Sinnbild zerplatzter Träume vom sozialen Aufstieg in der Stadt.

*

Die Konzentration von Menschen, Geld und Macht in den Metropolregionen der Erde geschieht in der Regel auf Kosten anderer Regionen.

In boomenden Städten werden in kürzester Zeit praktisch alle Wachstumsfaktoren knapp und müssen durch Importe ausgeglichen werden. Dies gilt für Arbeitskräfte genauso wie für Energie, Rohstoffe, Wasser und Lebensmittel. Nicht nur hinsichtlich ihres Flächenbedarfs müssen sich Städte also in die Breite, Höhe und Tiefe ausdehnen, sondern auch hinsichtlich ihrer Ansprüche an das Umland. Dies lässt sich am Beispiel Münchens erkennen: Während die Arbeitskräfte früher aus dem Oberland oder Niederbayern kamen, die Energie in Form von Wasserkraft noch lokal gedeckt wurde oder in Form von Holz mit Flößen die Isar heruntertrieb, beansprucht die Metropole heute Zuflüsse aus aller Welt. Während in der boomenden Stadt Erzieherinnen, Krankenpfleger, Ärztinnen und Ingenieure trotz immensen Zuzugs nie ausreichen, gehen andernorts immer mehr Lichter aus. Ganze Landstriche werden entvölkert mit der Konsequenz, dass Infrastrukturen zusammenbrechen und eine wirtschaftliche und gesellschaftliche Abwärtsspirale in Gang gesetzt wird. In München dagegen diktiert das Wachstum der Stadt die Investitionsentscheidungen. Der Stadtrat hat für den Ausbau der Infrastruktur einen Bedarf von knapp 30 Milliarden Euro ausgemacht, allein neun Milliarden davon für Schulen – das Fünfunddreißigfache der gegenwärtigen Jahresinvestitionen. Dies ist nur zu stemmen, wenn die städtischen Einnahmen steigen – durch ein unvermindertes Tempo beim Drehen der Wachstumsspirale. So wurde der Wachstumszwang zum politischen Dogma. Betrachten wir das Ganze nur einen Augenblick lang als Organismus, dann wird klar, dass es nicht gesund sein kann, wenn ein Teil auf Kosten aller anderen Teile wuchert. Wünschenswert wäre hier jemand, der sagt: »Töpfchen, steh!«

Es ist kein Zufall, dass die Städte vieler Hochkulturen heute nicht mehr existieren oder zumindest lange Phasen des Niedergangs hinter sich haben. Der anfängliche Wettbewerbsvorteil einer wachsenden Stadt gegenüber der Region – geringere Infrastrukturkosten, größere Absatzmärkte und mehr verfügbare Arbeitskräfte – verkehrt sich irgendwann ins Gegenteil. Immer weitere Wege müssen Rohstoffe, Energie und Lebensmittel zurücklegen, um in die Stadt zu gelangen. Immer teurer wird es, in der Stadt zu leben, Neuankömmlinge zu integrieren und auszubilden, die Infrastruktur auszubauen und zu unterhalten. In dem Augenblick, in dem die Wirtschaft ins Stocken gerät oder andere Metropolen als potentere Mitbewerber auftreten, kann das System zusammenbrechen.

*

So weit muss es nicht kommen. Eine Begrenzung des Übermaßes im Städtewachstum ist eine politische Aufgabe. Sie ist vor allem auch lösbar. Mittels Bebauungs- und Flächennutzungsplänen können Kommunen die Ansiedlung und Vergrößerung von Unternehmen wirkungsvoll steuern. Wenn statt Gewerbegebieten neue Wohngebiete ausgewiesen werden, werden das Wirtschaftswachstum und die Nachfrage nach Arbeitskräften gedämpft und der Mietmarkt entlastet. Wenn Grünflächen als Frischluftschneisen und Erholungs- und Begegnungsorte erhalten bleiben, werden sowohl das Mikroklima als auch die Gesundheit der Stadtbewohner geschützt. Selbstbegrenzung der Städte in Sachen Flächenverbrauch, das Ziehen einer roten Linie – »Bis hierher und nicht weiter!« – mag zunächst schmerzhaft erscheinen, ist aber letztlich notwendig, um die Lebensqualität zu sichern. Beispielhaft für viele Metropolen kann der Erfolg des Bürgerbegehrens »Grünflächen erhalten« in München sein: Mit knapp 60 Unterstützerorganisationen und 60.000 Unterschriften wurde ein Meilenstein gesetzt. Das Anliegen, ihre Städte lebenswert zu erhalten, nehmen immer mehr Bürgerinnen und Bürger selbst in die Hand. Mehr und mehr Menschen wird bewusst, dass die »rote Linie« gezogen werden muss und das Wachstumsdogma eine Irrlehre ist.

Die Digitalisierung könnte eine Trendwende in der Urbanisierung einläuten. Sie eröffnet uns die große Chance, den Verfassungsgrundsatz der »gleichwertigen Lebensverhältnisse« (Art. 72 Abs. 2 Grundgesetz) im ganzen Land, sogar europaweit zu verwirklichen. Der Vorteil einer Stadt, viele Menschen auf engem Raum zu vereinen, geht verloren. Wer will, kann von beinahe jedem Ort der Welt anderswo benötigte Dienstleistungen erbringen und zuliefern. Was vom Standort Indien aus geht, das geht auch von Oberfranken, der Uckermark und Sizilien aus. Hochwertige Arbeitsplätze müssen nicht länger in den Ballungszentren lokalisiert werden. Datingplattformen bringen Menschen auch außerhalb von Ballungsräumen privat zusammen. Durch die Nutzung von Telemedizin können auch Patienten in ländlichen Gebieten mit Spitzenmedizin versorgt werden, ohne dass sie in jedem Fall in einer städtischen Klinik aufgenommen werden müssen.

Ein mächtiges und gut erprobtes Instrument, den Boom der Metropolen zu bremsen und alternative Regionen zu entwickeln, ist auch die Schaffung von Bildungseinrichtungen in Mittelstädten – verteilt über das Land. Um Hochschulstandorte herum etabliert sich meist schnell eine bunte Mischung aus etablierten Unternehmen und Start-ups. Es entstehen Ausgangspunkte für neue umweltfreundliche Technologien, Keimzellen für gesellschaftliche Trends und Anziehungspunkte für junge Menschen.

*

Die Europäische Union ist bisher eine vergleichsweise föderal strukturierte Gemeinschaft. Auf anderen Kontinenten ist die Urbanisierung mit ihren negativen Begleiterscheinungen wie der sozialen Spaltung der Gesellschaft, Umweltproblemen und Ausbluten der Regionen deutlich weiter fortgeschritten. Noch ist Europa in dieser Hinsicht Vorbild für viele andere Regionen auf der Welt. Es lohnt sich deshalb, in europäischen Dimensionen zu denken und zu handeln. Die Ausdehnung der Metropolen muss überall auf ein im wahrsten Sinn des Wortes gesundes Maß beschränkt werden. Naturschutz und Artenvielfalt müssen als Basiswerte der Stadtentwicklung erkannt werden.

*

Die problemlösende Zauberformel »Töpfchen, steh!« ist nicht greifbar. Dennoch gibt der Spruch die Richtung an: Wer nur den Befehl »Töpfchen, koch!« kennt und diesen zwanghaft immer wieder ausruft, führt den Kollaps herbei. Stadtentwicklung braucht Konzepte der Reduzierung in den Metropolen und den Mut zur nachhaltigen Entwicklung der bisher vernachlässigten Regionen.

Mehr Macht und Selbstwirksamkeit dem Souverän!

Warum wir alle gewinnen, wenn die Mächtigen auf Macht verzichten

> »Alle Staatsgewalt geht vom Volke aus. Sie wird vom Volk durch Wahlen, Abstimmungen und durch besondere Organe der Gesetzgebung, der vollziehenden Gewalt und der Rechtsprechung ausgeübt.« *Artikel 20.2 Grundgesetz*

Als vor bald 75 Jahren das Grundgesetz der Bundesrepublik Deutschland entworfen, diskutiert und beschlossen wurde, achteten alle Beteiligten darauf, die Macht auf viele Ebenen zu verteilen. Nicht nur die traditionelle »horizontale« Gewaltenteilung – in Legislative, Exekutive und Judikative – wurde nach der nationalsozialistischen Gewaltherrschaft wiederhergestellt, auch die von der Diktatur aufgehobene »vertikale« Verteilung der Macht – auf Gemeinden, Länder und den Bund – erschien den Vätern und Müttern der neuen Demokratie als so wichtig, dass die föderale Struktur »auf Ewigkeit« geschützt und so ein zentralistischer Staatsaufbau ausgeschlossen wurde. Es ist bekannt, dass vor allem auch die sogenannten Besatzungsmächte auf die Verhinderung von Machtkonzentration achteten: Dem verbrecherischen Führerprinzip sollte und musste das Konzept der Machtverteilung folgen. Demokratie leidet, wenn die meisten wenig Macht und deshalb auch wenig Verantwortung haben.

Über den Artikel 20 des Grundgesetzes wurden in der Geschichte der Bundesrepublik Kommentare und Abhandlungen in Bibliotheksstärke verfasst. Es lohnt sich dennoch, den Artikel 20 des Grundgesetzes immer wieder einmal zu lesen und zu bedenken; er bildet zusammen mit Artikel 1 sozusagen die Basis unserer politisch-gesellschaftlichen Ordnung. Nicht umsonst sind diese beiden Grundsätze durch den Artikel 79 Abs. 3 »auf Ewigkeit« vor Abschaffung geschützt.

Im Alltag ist nicht immer allen bewusst, dass nicht nur die hier genannten »Wahlen und Abstimmungen« Methoden sind, mit denen das Volk seine Staatsgewalt ausübt, sondern dass auch »Gesetzgebung«, »vollziehende Gewalt« und »Rechtsprechung« in Artikel 20 als Mittel bezeichnet werden, mit denen letztlich das Volk seine Staatsgewalt, freilich auf indirekte Weise, ausübt. Man hat aber manchmal das bedrückende Gefühl, dass Menschen mehr und mehr annehmen, die drei Gewalten stünden dem Volk wie etwas gänzlich anderes, ja Feindliches gegenüber. Der Legislative wird oft vorgeworfen, abgehoben zu sein und die Lebenswelt des Volkes nicht richtig wahrzunehmen. Die Exekutive steht unter dem Generalverdacht von überzogener Bürokratie und Unverständlichkeit. Die Rechtsprechung gilt oft als undurchschaubar, wegen Personalmangel überfordert und zu langsam, sodass manchmal sogar schon Verfahren gegen Straftäter wegen zu langer Verfahrensdauer eingestellt werden mussten. Dies alles kann – gerade auch unter dem Einfluss gezielt böswilliger Kommunikation – zu einer fortschreitenden Entfremdung des Volkes von den eigentlich seiner Souveränität dienenden Instrumenten führen.

Die beiden im Artikel 20 zuerst genannten Methoden der Ausübung von Volkssouveränität, also die Wahlen und Abstimmungen, sehen zunächst unproblematisch aus. Auf den zweiten Blick ist jedoch zu erkennen, dass es in der Realität nur die Wahlen gibt, weil das Grundgesetz Abstimmungen ausdrücklich nur für zwei Fälle vorsieht: für eine eventuelle Neuordnung der Länderstruktur und für den Fall, dass sich die Bundesrepublik statt des Grundgesetzes irgendwann einmal eine (neue) Verfassung geben sollte.

Alle anderen politischen Fragen sind der Abstimmung durch das Volk entzogen. Der Bundestag könnte eine Änderung dieses Zustandes selbstverständlich mit einer Zweidrittelmehrheit seiner Mitglieder herbeiführen; diese Mehrheit hat es aber in der Geschichte der Bundesrepublik niemals gegeben. Auch heute wird die Forderung nach der Einführung direktdemokratischer Elemente vor allem außerhalb des Parlamentes erhoben. Die Bundesrepublik Deutschland ist nach Verfassungslage de facto eine rein repräsentative Demokratie.

*

Der Begriff der »Selbstwirksamkeit« findet sich in pädagogischen und psychologischen Diskussionen sehr prominent in Zielbeschreibungen für eine gelungene Entwicklung. Nicht nur Kinder und Jugendliche, alle Menschen in modernen Gesellschaften sollen Selbstwirksamkeitserwartungen pflegen und auch tatsächliche Erlebnisse der Selbstwirksamkeit haben, um Sinnerfahrungen, Erfolgserlebnisse und Zufriedenheitsgefühle sammeln zu können. Mangelnde Selbstwirksamkeit kann zu Fehlreaktionen aller Art mit verhängnisvollen Folgen bis hin zu Depression oder Gewalt gegen andere oder gegen die eigene Person führen.

In Bezug auf »Demokratiezufriedenheit« ist die weitverbreitete Annahme, am Gang der Dinge nichts ändern zu können, unter diesem Aspekt hochgefährlich. Wenn der Souverän die problematische Überzeugung entwickelt, wenig oder gar nichts zu sagen zu haben, und keine oder reichlich wenig Selbstwirksamkeit erlebt, weil »die da oben« sich um das Volk »nicht kümmern« oder gar von »dunklen Mächten gesteuert« werden, kann mit der Zeit die Akzeptanz des demokratischen Systems insgesamt geschädigt werden oder gar verloren gehen.

*

Das Schaffen von Möglichkeiten direkter demokratischer Teilhabe auf bundespolitischer Ebene durch Volksanträge, Volksbegehren und Volksentscheide wird regelmäßig mit drei Hauptargumenten abgewehrt: Zum einen wird vorgebracht, dass in modernen Gesellschaften die zu diskutierenden Probleme hochkomplex seien. Einfache Ja-Nein-Entscheidungen seien bei diesen Fragen nicht zielführend. Zum anderen wird unter Verweis auf die Geschichte befürchtet, dass demokratiefeindliche Kräfte sich des Mittels bemächtigen und die demokratischen Verhältnisse beseitigen könnten. Neuerdings wird auch behauptet, die direktdemokratischen Möglichkeiten würden die ohnehin vielfach bevorzugten besser gebildeten und besser versorgten urbanen Ober- und Mittelschichten begünstigen, weil weniger gut versorgte Menschen andere Sorgen hätten, als sich um die öffentlichen Dinge zu kümmern.

Diese drei Vorbehalte sind eine gründliche Debatte wert, die in der Fachliteratur auch geführt wird. Hier sei in aller Kürze nur das Folgende angemerkt: Man muss gar nicht auf die Praxis der Schweiz verweisen, wo seit jeher auch komplizierte Themen erfolgreich direktdemokratisch behandelt werden. Auch Beispiele aus deutschen Bundesländern, die direktdemokratische Möglichkeiten kennen, beweisen die Leistungsfähigkeit der direkten Demokratie. So konnte in Bayern ein umfassendes neues Naturschutzgesetz mit Volksbegehren und Volksentscheid erarbeitet und durchgesetzt werden. Der gewählte Landtag war dazu über viele Jahre hinweg nicht in der Lage gewesen …

Der beliebte Verweis auf die Geschichte ist schlicht falsch: Die nationalsozialistische Diktatur wurde nicht per Plebiszit, sondern durch das Versagen des Parlaments ermöglicht. Inzwischen wird daher auch nicht mehr von einer Macht-»Ergreifung« Hitlers gesprochen, sondern von einer Macht-»Übertragung« durch den Reichstag. Tragende Säulen der Demokratie – wie die Menschenrechte und die Gewaltenteilung – können zudem vor Schwächung oder Abschaffung durch Volksentscheide geschützt werden. Die sogenannte Ewigkeitsklausel des Artikels 79 Abs. 3, die diese wichtigen Grundelemente sichert, würde natürlich nicht nur für das Parlament, sondern ebenso auch für die direkte Demokratie gelten.

Bleibt der Vorwurf der Bevorzugung besser gebildeter und materiell besser gestellter Kreise. Dazu ist zu sagen, dass die politische Beteiligung in Parteien und die Zusammensetzung der Parlamente genau dieses Problem spiegelt. Wenn irgendetwas von den besser gebildeten und materiell besser gestellten Bevölkerungsgruppen dominiert wird, dann sind es die Parlamente. Die Distanz zur demokratischen Teilhabe in Teilen der Bevölkerung ist ein ernstes Problem, das aber alle Beteiligungsformen trifft. Die direkte Demokratie mag zunächst das gleiche Problem haben wie die repräsentative. Bei den Organen der Repräsentation ist dieses Problem nachgewiesene Realität; bei der direkten Demokratie ist es eine Möglichkeit. Es ist aber durchaus denkbar, dass auch hier »mit dem Essen der Appetit wächst« und mögliche Erfahrungen der Selbstwirksamkeit die Lust auf Beteiligung bei weit mehr Menschen wecken, als es bei den eher schwer erreichbaren Parlamenten und Parteistrukturen der Fall ist.

*

Es mag aber auch sein, dass die oft vorgebrachten und hier nur stichwortartig widerlegten Gründe gegen eine direktdemokratische Erweiterung der Möglichkeiten des Souveräns nicht die einzigen sind. Vielleicht verhalten sich die Dinge etwas anders: Direktdemokratische Möglichkeiten werden womöglich nicht ins politische System der Bundespolitik eingebaut, weil dadurch vor allem die Macht der gewählten Mitglieder des Bundestages und der von diesen bestimmten Bundesregierung geschmälert werden würde. Mit diesen Personengruppen müssten unweigerlich auch weitere Funktionsträger – vor allem in den Parteispitzen – auf Macht verzichten. Besonders gravierend würde sich aber der Machtverlust von eingespielten Beratungs- und Lobbystrukturen auf die zu treffenden Entscheidungen auswirken. Nachweislich werden wichtige Gesetzesvorlagen, Änderungsanträge und Initiativen aller Art auf kurzem Weg zwischen Interessenverbänden auf der einen Seite sowie Parlamentsfraktionen und Ministerien auf der anderen Seite vorberaten und abgestimmt.

Direktdemokratische Möglichkeiten der Entscheidungsfindung würden diesen eingespielten Mechanismus der repräsentativen Demokratie ganz sicher in heilsamer Weise stören. So notwendig Parteien und Interessenverbände auch sind, so dringlich sind eine tiefgreifende Reform und Begrenzung des hier stattfindenden »Zusammenspiels« in wirksamen Netzwerken. Nicht nur das Spendenwesen, auch die Möglichkeit, bezahlte Beratungsverträge zu vergeben und in »parteinahen Stiftungen« mit horrenden Summen aus der Steuerkasse die Themensetzung und die Meinungsbildung zu pflegen, ist hier zu nennen. Der Weg, politische Entscheidungen auf direkte Weise mit Volksbegehren und Volksentscheid herbeizuführen, würde dieses in Jahrzehnten entstandene Konglomerat ganz bestimmt infrage stellen. Unweigerlich käme es zu einer neuen Aufgliederung der Möglichkeiten, den Gang der Dinge zu beeinflussen. Die Chancen zur Mitbestimmung würden neu verteilt.

Das eingangs erwähnte Anliegen der Gestalterinnen und Gestalter des Grundgesetzes, die Macht nach den bitteren Erfahrungen der Nazidiktatur auf viele Verantwortliche zu verteilen, spricht für eine solche Neugestaltung. Der Verlust von Macht auf den genannten Seiten würde die Selbstwirksamkeit des Souveräns zweifellos stärken.

*

Allerdings träfe auch »das Volk« ein unter Umständen »harter Verlust«: Die Möglichkeit, jederzeit und überall »über die da oben, die ja keine Ahnung vom wahren Leben haben«, herzuziehen und allen Entscheidern pauschal Korruption, Ahnungslosigkeit oder Faulheit vorzuwerfen, ginge verloren, wenn wichtige Fragen unter direkter Beteiligung aller nicht nur erörtert, sondern letztlich auch entschieden werden müssten. Die Möglichkeit zur demokratischen Selbstwirksamkeit des Souveräns ist nicht unbedingt ein Wellnessprogramm für alle. Nicht umsonst heißt es, dass man Verantwortung »trägt«. Sie kann durchaus auch eine Last sein. Der billige Populismus der pauschalen Anklage und Verunglimpfung aller Entscheiderinnen und Entscheider, der schon manchen problematischen Zeitgenossen ins Parlament gebracht hat, würde mit der Zeit schwieriger und im besten Fall unmöglich, wenn sich der Ernst der zu entscheidenden Fragen in den Debatten rund um einen Volksentscheid allen zeigen würde.

Diese Erfahrung machen Menschen nachweislich auch in sogenannten Bürgerräten, in denen über einen definierten Zeitraum hinweg zufällig ausgewählte Bürgerinnen und Bürger unter fachlicher Assistenz über eine zu entscheidende Problematik beraten und eine Vorlage erarbeiten. Gerade dieses neue Element der Teilhabe kommt dort, wo es praktiziert wird, sowohl der repräsentativen als auch der direkten Demokratie zugute.

*

Wir sind der festen Überzeugung, dass das Zusammenspiel von repräsentativer und direkter Demokratie funktionieren kann und dass dadurch die Demokratie insgesamt vor Gefahren geschützt wird. Unsere Überzeugung ist durch Erfahrung gedeckt, weil wir in Bayern nicht nur auf Landesebene, sondern auch auf kommunaler Ebene einige erfolgreiche (und auch einige gescheiterte) Volks- bzw. Bürgerbegehren initiiert und verantwortet haben: Die Demokratie gewinnt, wenn der Souverän Selbstwirksamkeit erlebt.

Lebenssinn und Zufriedenheit durch Verantwortung!

Wir verzichten gern auf Despotie und Krone

So falsch und gefährlich es ist, »sich die Erde untertan zu machen«, so falsch und gefährlich ist es, sich als Mensch im Anthropozän nur als »Teil der Natur« zu sehen.

Schon zu Beginn der politischen Ökologiebewegung in den 1970er-Jahren gab es die sehr grundsätzliche Forderung, das Selbstbild der Gattung Mensch zu korrigieren. So empfahl z. B. der Schriftsteller Carl Amery in seinem Buch »Natur als Politik« (Reinbek 1976), sich nicht länger als »Krone der Schöpfung« zu sehen, sondern eher als »Raubtier 3. Ordnung«. Der sogenannte Herrschaftsauftrag über die Erde und ihre nichtmenschlichen Lebensformen, der auf der ersten Seite der Bibel dem »als Gottes Ebenbild, als Mann und Frau« geschaffenen Menschen übertragen wird, habe den Menschen fälschlicherweise von der Natur abgetrennt.

Die christliche Theologie des 20. Jahrhunderts hat durchaus versucht, die Genesis-Stelle nicht als »Freibrief« für ausbeuterisches Handeln, sondern als eine Art »Prokura« des Schöpfers zu deuten, die stets an Gottes positivem Schöpfungsplan auszurichten sei. Auch wurde der Sieben-Tage-Mythos in Parallele gesetzt zur zweiten, historisch älteren Schöpfungsgeschichte (Adam und Eva im Garten Eden), dort gibt es keinen Herrschaftsauftrag, wohl aber einen Befehl zum »Bebauen und Bewahren«.

Dennoch ist ohne Zweifel die Wirkungsgeschichte des biblischen Herrschaftsauftrages massiv und eindeutig: Der Mensch fühlte und fühlt sich im christlich geprägten Kulturkreis immer als herausgehobenes Wesen, als »Krone der Schöpfung«.

Noch wirksamer als der Herrschaftsauftrag war aber die »Entseelung« der Natur und ihrer Erscheinungen in den biblisch geprägten monotheistischen Religionen: Bäume, Quellen und Vulkane waren Werke des einen Gottes, nicht mehr der Aufenthaltsort von Göttern und Göttinnen, Ahnen, Nymphen und Geistern. Die Natur wurde zum Material. Der Mensch sollte mit ihr arbeiten, er musste sie nicht mehr verehren.

Befeuert wurde dieses herausgehobene Selbstbild des Menschen in der von ihm abgespaltenen Natur später vor allem durch Descartes' Philosophie: Dieses Konzept teilt die Welt ein in die »res cogitans« (der Mensch als Besitzer einer Geist-Seele, die ihn zum Denken befähigt) und in die »res extensa« (alles Übrige, das nur den Raum füllt, aber nicht denken und fühlen kann). Auswüchse wie die heutige industrielle Tierhaltung mit täglich weltweit 200 Millionen Schlachtungen wären ganz sicher ohne eine zuvor stattgefundene Herabwürdigung der Tiere zur bloßen Sache kaum denkbar.

Der massive Bedeutungsverlust von Religion in der Moderne ließ dann die Erinnerung an die »Herrschaftsprokura« des Schöpfergottes aus dem Sieben-Tage-Mythos der Bibel weitgehend verschwinden. In der religionsarmen westlichen Welt herrscht die menschliche Autonomie ohne Rückbindung an einen göttlichen »Schöpfungsplan«. Auch auf diese Entwicklung wurde schon früh aufmerksam gemacht: Der Sozialphilosoph Horst-Eberhard Richter wies in seinem Buch »Gotteskomplex« (Reinbek 1979) darauf hin, dass nach dem Verlust des Gottesglaubens im industrialisierten Teil der Menschheit alle bisherigen »Leistungen« der Gottheit nun vom Menschen selbst erwartet würden: Er selbst muss nun allmächtig sein und die Dinge ordnen.

»Es rettet uns kein höh'res Wesen, kein Gott, kein Kaiser noch Tribun. Uns aus dem Elend zu erlösen können wir nur selber tun!«

Diese Hymne der internationalen sozialistischen Bewegung aus dem Jahr 1871 beschreibt das moderne Selbstbild der Menschen ziemlich gut. Leider wurden als Hauptwege zur »Rettung aus dem Elend« die Expansion der eigenen Art und die immer aggressivere Aneignung aller Materialien des Planeten gewählt. Kapitalistische und sozialistische Theorie und Praxis waren sich in diesen Zielsetzungen immer einig.

Als Konsequenz der Geschichte menschlicher Herrschaft über sich selbst und über die Erde wurde zu Beginn des 21. Jahrhunderts vom niederländischen Nobelpreisträger und Atmosphärenchemiker Paul J. Crutzen vorgeschlagen, ein neues Erdzeitalter auszurufen: Da nicht mehr planetare Kräfte, sondern vorrangig die Handlungen der Menschen die Entwicklungen auf der Erde verursachten, gehe jetzt das Holozän zu Ende, und es beginne das »Anthropozän«.

Auch die Beschreibung der Überlastungsgrenzen des planetarischen Systems durch Johan Rockström u.a. (»Planetary boundaries«, Stockholm 2009) verweist auf die umfassenden Wirkungen menschlicher Einflüsse. Diese haben etwa das aktuell virulente sechste große Artensterben der Erdgeschichte ausgelöst. Dass menschliche Aktivitäten auch die rasche und wohl kaum reversible Veränderung des Klimas verursachen, wird mittlerweile nicht mehr ernsthaft bestritten.

*

Von naturwissenschaftlicher, soziologischer und historischer Seite her sind drei Autoren zu nennen, die im Verlauf der letzten Jahrzehnte bis in die jüngste Zeit hinein die Forderung nach einer Korrektur des Selbstbildes der Gattung Mensch erhoben haben. James Lovelock sieht bekanntlich die Erde mit all ihren belebten und nichtbelebten Teilen als ein einziges Lebewesen (»Gaia«). Der Mensch sei nur ein Teilsystem dieses großen Ganzen. Der französische Soziologe Bruno Latour hat sich in seinem

»Terrestrischen Manifest« (Berlin 2018) auf Lovelock bezogen und gefordert, die Gesellschaft von den »terrestrischen« Bedingungen her neu zu denken. Ökonomisch-soziale und politische Analyseraster, die sich vorrangig an menschlichen Interessen orientierten, müssten aufgegeben werden. Philipp Blom weist in seinem aktuellen Buch »Die Unterwerfung« (München 2023) darauf hin, dass schon in den Hochkulturen Mesopotamiens ein anthropozentrisches Weltbild vorgeherrscht habe. Blom plädiert für eine umfassende »neue Aufklärung«: Es sei an der Zeit, den Menschen als Teil der Natur zu sehen und sich von der vorwiegend religiös begründeten besonderen Bedeutung zu verabschieden.

*

Ohne die berechtigte Kritik an der bisherigen Selbstdefinition des Menschen zu verkennen, halten wir den Verzicht auf eine besondere Stellung weder für möglich noch für sinnvoll. Die Sonderrolle des Homo sapiens ist das Ergebnis der Evolution. Die religiösen und philosophischen Interpretationen haben dieses Evolutionsergebnis begleitet und ganz sicher auch, vor allem im europäischen Kolonialismus, radikalisiert. Ohne das evolutionär entstandene Potenzial des Menschen zur zunächst partiellen und dann immer umfassenderen »Herrschaft über die Natur« hätte es aber die problematischen Mythen und Philosophien wohl nicht gegeben. Die Menschen vor 4000 Jahren erlebten sich wie wir heute als Wesen mit besonderen Möglichkeiten und besonderen Defiziten, die in den Schöpfungsmythen Ausdruck finden. Sehr erhellend ist z. B. die Geschichte vom sogenannten Sündenfall der »ersten Menschen«: Adam und Eva emanzipieren sich von Gott und ignorieren das Verbot, beenden ihre »kindliche Unschuld« und essen die Frucht des »Baumes der Erkenntnis«. Der Preis für das Abenteuer der Erkenntnis ist jedoch das Wissen um den Tod.

Es drängt sich auf, in dieser mythologischen Erzählung die Geschichte der Selbsterkenntnis des Menschen im Verlauf seines »evolutionären Schicksals« zu sehen. Die Menschen »verstehen«, wie die Dinge laufen, wie es um sie selbst steht, dass sie sich entscheiden müssen zwischen verschiedenen Möglichkeiten, von denen sich die einen als gut, die anderen als verhängnisvoll erweisen. Diese Fähigkeit erfährt der Mensch als Unterschied zu anderen Lebewesen. Auch das vermutlich nur den Menschen belastende Wissen um seine Endlichkeit ist eine »Frucht der Evolution«.

Der Mensch hat sich die Fähigkeit zur distanzierten Betrachtung seiner Umgebung, zu Wissenschaft und Technik nicht angemaßt. Man kann sagen, dass sie ihm evolutionär zugefallen ist. Er muss spätestens jetzt im Anthropozän mit den Folgen dieser Fähigkeit so umgehen, dass er sich selbst erhalten kann, indem er seine Lebensbedingungen nicht nur erkennt, sondern auch dauerhaft erhält und wirksam schützt.

Da der Mensch dieses Ergebnis der Evolution nicht ungeschehen machen kann, wird auch eine »Entthronung« des Menschen wenig nützen. Die naturwissenschaftliche und sozialpsychologische Durchdringung der uns widerfahrenden Phänomene lässt sich nicht durch eine Rückkehr zur Sichtweise unserer Vorfahren aus der Bronzezeit »korrigieren«. Vielmehr müssen die umfassende Kritik und vollständige Veränderung der »Herrschaftsziele« von Homo sapiens angepackt werden.

Um im Bild der »Herrschaft« zu bleiben: Despotie und ausbeuterische Aggression gegen den Bestand des Planeten und gegen die Lebensmöglichkeiten anderer Arten müssen beendet werden. An deren Stelle muss eine informierte, empathische und verantwortungsvolle Rolle des Menschen treten. Durch »freiwilligen Thronverzicht« kann sich der Mensch von seiner evolutionär bedingten Macht ganz sicher nicht verabschieden. Da ist niemand, der unsere gemachten Fehler korrigieren könnte! Die Korrektur – soweit überhaupt noch möglich – muss als ureigener Auftrag an uns selbst akzeptiert werden. Die Verantwortung im Anthropozän darf nicht länger verdrängt oder kleingeredet werden. Sie ist umfassend, fordernd und hart.

Es ist ein oft vonseiten der sogenannten Klimaskeptiker vorgebrachtes Argument, dass der Mensch viel zu unbedeutend sei, um ein komplexes System wie das Erdklima beeinflussen zu können. Deshalb könne man wie gewohnt weiterwirtschaften. Freiheitsgefährdende, gegen Komfort und Genuss gerichtete Änderungen des Lebensstils seien nicht nötig. Die Forderung nach einem »Thronverzicht« der Gattung Mensch kommt solchen gefährlichen Ansichten ungewollt entgegen: Wer unbedeutend ist, hat keine Verantwortung.

Auch die oft gehörte Aussage, dass »sich der Planet ohne den Menschen ganz sicher weiterdrehen wird«, erscheint uns hinsichtlich ihrer politischen Wirkung problematisch. Sie kann durchaus als Einladung zur Passivität und zur Fortsetzung der gefährlichen aktuellen Zerstörungshandlungen wirken und sehr viel zusätzliches Leid für Menschen und viele andere Lebewesen heute und in der Zukunft verursachen.

Zudem besteht die Gefahr, dass die oft vorgeschlagene Einordnung des Menschen ins Tierreich den mühsam errungenen universalistischen Humanismus mitsamt der Menschenrechtsidee relativieren könnte: Weder der Mensch noch alle anderen belebten und nichtbelebten Erscheinungen dürfen künftig lediglich als »res extensa« gedacht werden. Der radikale Abschied von dieser irrigen Idee Descartes' ist überfällig. Die vielfach geforderte »neue Aufklärung« (vgl. Ernst-Ulrich v. Weizsäcker: »Wir sind dran«, München 2018) muss zu einer ebenso differenzierten wie umfassend fürsorglichen Haltung des Menschen führen, die an die Stelle der brutal-ausbeuterischen und expansiven Herrschaftsidee tritt. Es geht um unsere Selbstdefinition im **bewusst gelebten Anthropozän**: Wir sind jene Gattung, die evolutionär bedingt eine besondere Rolle wahrzunehmen hat. Alles Planen und Handeln der Menschen muss ab sofort dem Erhalt und der Stabilisierung der Lebensgrundlagen für alle Teilsysteme des planetaren Gesamtsystems gewidmet sein. Der Mensch muss rasch und umfassend auf sein bisheriges »Herrschaftsmodell« verzichten. Nur so können wir als Gattung unsere Existenz sichern und den Erhalt unserer vielfältigen und untereinander vernetzten Mitwelten gewährleisten. Da der Verzicht auf den Stand unserer evolutionären Entwicklung nicht möglich ist, ist ein solcher »Verzicht« auch nicht nötig.

*

Was gewinnen wir, wenn wir auf eine absolutistische Herrschaft als »Krone der Schöpfung« verzichten und ein neues »Rollenprogramm« akzeptieren? Das Leben als Mensch wird im bewusst gelebten Anthropozän bestimmt nicht leichter und angenehmer. Eine verantwortlich wahrgenommene, von Wissenschaft und Ethos angeleitete Führungsrolle stellt schon in einem Unternehmen, in einer Gemeinde oder einem Verein hohe Ansprüche und kann phasenweise sehr belastend sein. Dieser Vergleich mag naiv sein, er zeigt aber die Richtung an, in der wir nach Gewinnen suchen können: Wahrgenommene Verantwortung bringt Lebenssinn und sehr oft – rückblickend – Erfolg und Zufriedenheit. Eine rücksichtslos-ausbeuterisch orientierte Herrschaft endet in aller Regel nach einem mitunter imposanten Aufstieg fast immer im Zusammenbruch.

Nachwort

von Dr. Walter Spielmann

»Wir können uns den Luxus der Resignation nicht leisten!« Kaum ein Satz von Robert Jungk (1913–1994) ist mir so präsent wie dieser, und er ist heute aktueller, dringlicher und überzeugender denn je. Unermüdlich warb der Wissenschaftsjournalist und radikale Zukunftsaktivist für alternative, nachhaltige »Zukünfte«, die ihm niemals graue Theorie, sondern immer Vision und konkrete Forderung zugleich waren und die er anhand konkreter Beispiele leidenschaftlich propagierte.

Eine Streitschrift wie diese hätte Robert Jungk gefallen, denn die hier versammelten Beiträge machen deutlich, dass nichts weniger ansteht als eine grundlegende Kurskorrektur. Wer in Anbetracht der aktuellen, vielfach beschriebenen Mehrfachkrise für ein »Weiter wie bisher« plädiert, wie es unser Wirtschaftssystem ebenso verführerisch wie trügerisch propagiert, setzt nicht weniger als unsere Zukunft aufs Spiel.

Alternative Entwicklungspfade – wir wissen es längst – sind nicht nur denkbar. Sie sind machbar, werden erkundet, praktisch erprobt und mit Leben erfüllt. Gegen den vielfach noch vorherrschenden Trend des »Immer mehr, immer schneller, immer weiter« wächst der Widerstand nicht nur verantwortungsbewusster Individuen. Es formieren sich neue Allianzen – etwa der Jugend und kritischer Wissenschaft –, die zunehmend auch Einfluss auf die Politik nehmen. Das Ende der zivilen Nutzung der Atomenergie in Deutschland sollte Mut machen.

Wer wie die Autoren dieses Bandes für ein mitfühlendes Naturverständnis eintritt, wer es unternimmt, unsere Lebensräume, die Arbeit, das Wohnen neu zu denken, und ein solidarisches Miteinander als Ausdruck gelebter Selbstermächtigung und politischer Verantwortung praktiziert, der leistet – in welchem Kontext auch immer – kreative Widerständigkeit im besten Sinn. Sie ist unerlässlich, um gemeinsam an einer lebenswerten Zukunft für alle zu bauen.

Walter Spielmann (geb. 1954) ist promovierter Germanist und Historiker. 1985 Begegnung mit Robert Jungk, der ihn einlud, die von ihm gegründete »Internationale Bibliothek für Zukunftsfragen« (www.jungk-bibliothek.org) in Salzburg mit aufzubauen, die er bis 2016 leitete.

Überlebensprogramm für die Menschheit

Club of Rome

Earth for All

Ein Survivalguide für unseren Planeten. Der neue Bericht an den Club of Rome, 50 Jahre nach »Die Grenzen des Wachstums«

224 Seiten, Klappenbroschur,
mit zahlreichen Abbildungen,
25 Euro
ISBN 978-3-96238-387-9
Erscheinungstermin: 06.09.2022
Auch als E-Book erhältlich

»Wohlstand innerhalb der Grenzen unseres Planeten ist möglich!«
Jørgen Randers

Der bekannte Think Tank Club of Rome legt in »Earth for All« einen Survivalguide für die entscheidende Dekade der Menschheit vor. Wissenschaftlich basiert zeigen die Autoren Hebel auf für die Bekämpfung von Armut und Ungleichheit und eine nachhaltige Zukunft.

DIE GUTEN SEITEN DER ZUKUNFT

oekom